AF602356

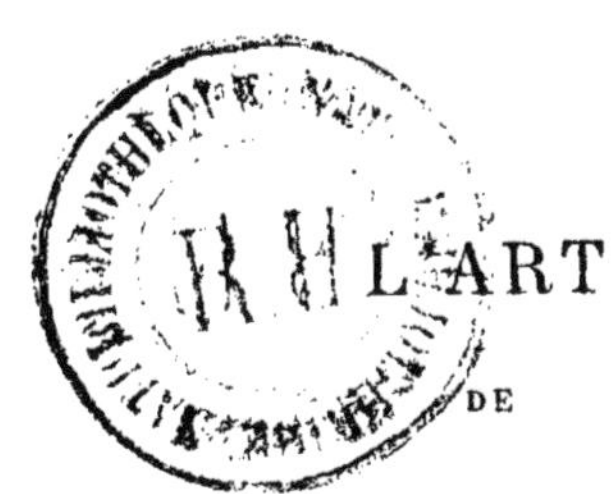

L'ART
DE
PEINDRE LES MARINES
A L'AQUARELLE

Collection illustrée in-8 à 2 fr.

E. BELVILLE

La Corne et L'Ivoire, 1 vol.
Les procédés faciles de Décoration du Métal, 1 vol.

J. CLOSSET

La Pyrogravure et ses applications, 1 vol.
Le Cuir, 1 vol.

G. FRAIPONT

PROFESSEUR A LA LÉGION D'HONNEUR

Le Dessin à la Plume, 1 vol.
L'Art de prendre un croquis et de l'utiliser, 1 vol.
Le Crayon et ses fantaisies, 1 vol.
Le Fusain, 1 vol.
Eau-forte, Pointe-sèche, Burin, Lithographie, 1 vol.
Manière d'exécuter les dessins pour la photogravure et la gravure sur bois, 1 vol.
L'Art de peindre les Marines à l'aquarelle, 1 vol.
L'Art de peindre les Fleurs à l'aquarelle, 1 vol.
L'Art de peindre les Paysages à l'aquarelle, 1 vol.
L'Art de peindre les Figures à l'aquarelle, 1 vol.
L'Art de peindre les Animaux à l'aquarelle, 1 vol.
L'Art de peindre les Natures mortes à l'aquarelle, 1 vol.

KARL-ROBERT

Précis d'Aquarelle, 1 vol.

A. LABITTE

L'Art de l'Enluminure, 1 vol.

L. LIBONIS

Traité pratique de la couleur. Donnant des indications sur le jeu, le mélange, la composition, la solidité, le nom, la nuance des couleurs, etc. 1 vol.

L. OTTIN

L'Art de faire un vitrail, 1 vol.

RIS-PAQUOT

Traité pratique de peinture sur faïence et porcelaine, 1 vol.

ROCHET

L'Anatomie artistique. Traité-Atlas, 1 vol.

Compositions, Études, Croquis

Collection d'albums composés chacun de 50 planches tirées en teintes.
Chaque album sous élégant cartonnage............ **3 fr. 50**

Dessins à la plume, 1 album.
Paravents, éventails, écrans, 1 album.
Allégories, 1 album.
Décorations appliquées aux objets usuels, 1 album.
Documents pour l'enluminure, 1 album.
Figure et genre, 1 album.
Fleur décorative, 1 album.
Animaux, 1 album.
Croquis et Dessins, 1 album.
Paysages, 1 album.
Cuir, pyrogravure, métal, 1 album.

Ces groupements raisonnés de planches rendront de grands services aux personnes qui cherchent des recueils de documents de même nature. Pour un bon marché extrême, on aura à profusion des matériaux et des idées de compositions et d'ornements.

388-12. — Corbeil. Imprimerie Crété.

L'ART

DE

PEINDRE LES MARINES

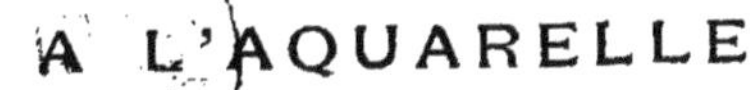

A L'AQUARELLE

PAR

G. FRAIPONT

PROFESSEUR A LA LÉGION D'HONNEUR

Ouvrage illustré de 50 dessins inédits de l'auteur
et d'un fac-similé d'aquarelle

NOUVELLE ÉDITION

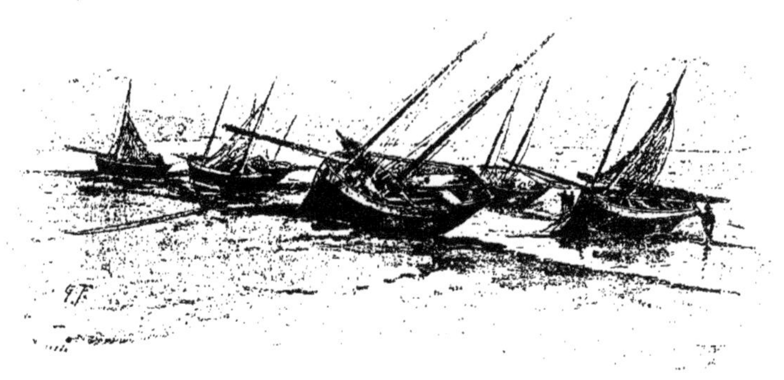

PARIS

LIBRAIRIE RENOUARD

H. LAURENS, ÉDITEUR

6, RUE DE TOURNON, 6

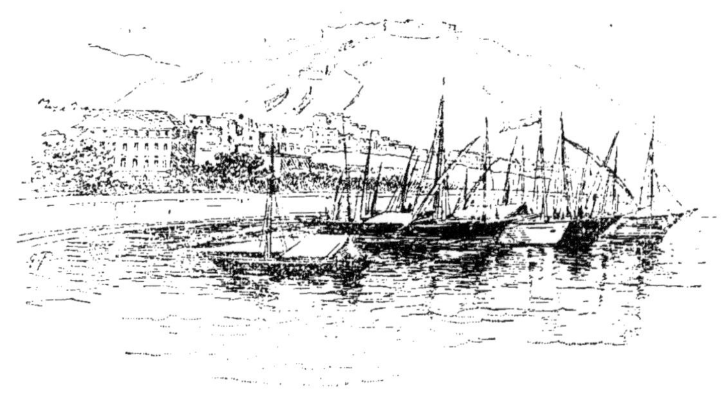

INTRODUCTION

A mon ami le Dr E. Thierrelin.

Aller à la mer pour y passer les mois d'été, c'est là, certes, la distraction la plus enviable. Que ce soit sur une plage à la mode, où l'on est sûr de retrouver des amis et de reprendre, à peu de chose près, le genre d'existence que l'on menait à Paris; ou bien, ce qui à notre avis est préférable, qu'on aille s'installer dans un petit coin du littoral bien retiré, pour y vivre tranquille et se reposer pour de bon, c'est toujours plein d'enthousiasme qu'on va à la mer. C'est qu'elle suffit à elle seule pour occuper tout votre temps, de l'aube au crépuscule; jamais on ne se lasse de la regarder. Toujours changeante, toujours ondoyante et diverse, on ne la retrouve point pareille deux heures de suite. D'ailleurs, un rien vous occupe lorsque vous la considérez; une barque de pêcheur au lointain, une mouette voletant sur la crête d'une vague

1

vous intéressent au plus haut point; vous suivez les mouvements que fait l'une et les circuits que décrit l'autre avec une attention soutenue. Un point noir ou un point blanc à l'horizon vous font braquer de ce côté votre lorgnette ou votre jumelle (si vous possédez l'une ou l'autre), sinon ce sont vos yeux que vous écarquillez pour savoir : qu'est-ce ?...

Une pointe de rocher battu par la mer vous laissera en contemplation des heures entières; si la marée monte, vous voudrez voir disparaître sous l'eau le rocher qui vous occupe, si elle descend, il faut que vous attendiez que la base de ce rocher soit à découvert. Une vague, rien qu'une petite vague attirera votre attention par son mouvement de va-et-vient, vous la suivrez des yeux pour la voir se briser sur la falaise, venir s'allonger sur la plage; elle vous fera rester rêveur à la considérer... à moins (autre distraction), qu'elle ne vous chasse si vous êtes trop près d'elle, à marée montante.

C'est surtout sur les bonnes petites plages bien retirées de la Bretagne, par exemple, que vous pouvez en paix jouir du spectacle splendide que vous offre toujours la mer et goûter avec intensité les jouissances qu'elle vous procure.

Sur les plages à la mode, point n'avez ce loisir, occupé que vous êtes par l'entourage, les ombrelles rouges, les bérets bleus, les bébés qui construisent avec le sable des dunes lilliputiennes ou avec les galets des falaises de mince durée. Que dire des jeunes gens qui se livrent aux douceurs du *lawn-tennis* et du *croquet*? Mais là encore, pour qui veut bien voir, en artiste, la scène est superbe; ce papillotement de couleurs, dont l'intensité est décuplée par le cadre qui les renferme, ces bleus, ces blancs, ces rouges, toute cette palette se découpant sur le sable jaune ou le galet bleu, avec, comme fond, la mer, c'est féerique!

Quelle tentation vous éprouvez de fixer, autrement que par le souvenir, un petit coin de ce que vous avez sous les yeux! Quelle envie, quel désir de rendre les scènes

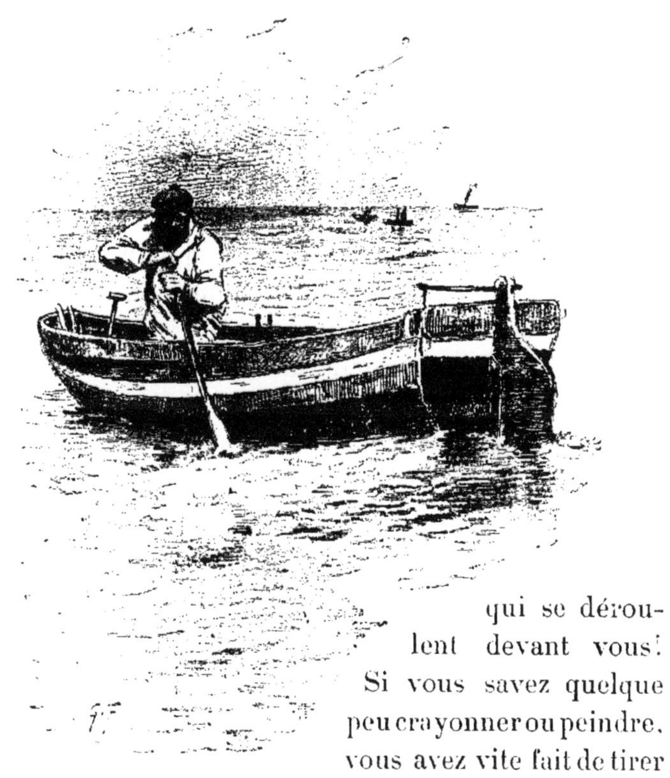

qui se déroulent devant vous! Si vous savez quelque peu crayonner ou peindre, vous avez vite fait de tirer de votre poche votre carnet et votre crayon, ou, de votre carton, votre bloc et votre boîte d'aquarelle. Si vous n'êtes ni dessinateur ni peintre, croyez-moi, apprenez à devenir l'un ou l'autre, et vous éprouverez, au bord de la mer, dix fois, vingt fois plus de plaisir que si vous y séjourniez en simple spectateur.

Ce que nous venons de dire est si vrai, l'envie de reproduire ce que l'on voit si réelle, que beaucoup de gens, qui n'ont pu ou voulu apprendre à peindre ou à dessiner, emportent avec eux tout le bagage du photographe : appareils perfectionnés, plaques *idem,* et vous les voyez dresser leur objectif sur le trépied, ou trimbaler leur petite boîte de photo instantanée dans tous les coins et recoins de la plage. La distraction est charmante, nous n'en disconvenons pas, mais avouez que vous éprouverez un plaisir bien moins vif à regarder les épreuves photographiques que vous aurez exécutées (fussent-elles parfaites) qu'à retrouver, fixée sur votre album, quelque bonne pochade d'un effet que vous aurez saisi ou d'une scène que vous aurez reproduite.

Et puis il faut bien vous dire (dût mon ami Nadar m'écraser de tout son mépris) qu'à moins d'études préalables, la photographie donne, à qui ne sait s'en servir habilement, bien des inexactitudes. A courte distance, essayez, par exemple, vous inexpérimenté, de reproduire un raccourci de bêtes ou de gens : un monsieur étendant droit devant lui la main vers votre objectif, un cheval s'avançant vers vous. Poussez la poire de votre objectif, bien. Retirez-vous dans votre chambre noire, développez, tirez épreuves. Là ! qu'est-ce que je vous disais ? Votre monsieur a une main qui lui cache la moitié du corps et votre cheval une tête qui le dissimule tout entier.

Si vous aviez peint ou dessiné les mêmes sujets, même très imparfaitement, vous n'auriez certainement point commis les mêmes erreurs, et vous eussiez modifié les raccourcis terribles, que le brave objectif a carrément donnés.

S'il s'agit d'objets inanimés « la photo » vous donnera

ou des détails sans nombre, toujours au détriment de l'ensemble, ou point du tout, suivant les effets de lumière, choses également inexactes, puisque, quelle que soit la qualité de vos yeux, il y a certains détails qu'à distance vous ne pouvez percevoir, ni vous, ni personne, et que, par conséquent, vous ne rendrez point, ou d'autres que vous percevrez vaguement et que vous indiquerez alors suffisamment pour faire comprendre et compléter l'objet, la chose représentée.

Pour les allures et les mouvements les mêmes fautes se produisent : l'objectif aura surpris une phase de mouvement que nous ne voyons point, une personne marchant se trouvera une jambe en l'air, toute raide, l'autre à terre, non moins raide, et l'effet d'ensemble du mouvement vous donnera, à s'y méprendre, la silhouette d'un mannequin.

Et cependant je ne lui veux point de mal, à cette bonne photographie, utile en bien des cas. J'ai l'air de lui chercher ici une querelle d'Allemand ; ce n'est point mon intention, et je trouve, au contraire, que, lorsqu'on ne sait point manier le pinceau ou le crayon, il est fort intéressant de se servir de l'obturateur. Je veux tout simplement ici prémunir ceux qui ont quelques dispositions « à croquer ou à pocher » contre le danger d'abandonner l'un pour l'autre et leur faire voir que, quand on peut faire les deux, il vaut mieux choisir le plus intéressant... non le plus facile.

Nous connaissons certains amateurs, arrivés à dessiner ou à peindre fort agréablement, qui ont abandonné tout à fait le crayon et le pinceau depuis qu'ils sont possesseurs d'un objectif plus ou moins perfectionné. C'est si commode, c'est si vite fait !... Il est vrai que nous en connaissons d'autres qui ne se servent de la photographie que pour compléter leurs notes; ceux-là sont dans le vrai : ils obtiennent ainsi certains détails utiles, qu'ils n'ont pas eu le temps de noter et se servent de la photographie comme moyen complémentaire et savent le parti à en tirer dans certains cas. Mais si c'est une distraction réelle, une occupation charmante que vous cherchez, croyez-moi, prenez quelques bons pinceaux, barbouillez du papier avec quelques bonnes couleurs; l'emploi du bleu et du rouge est bien aussi attrayant que celui du collodion ou de l'hyposulfite !

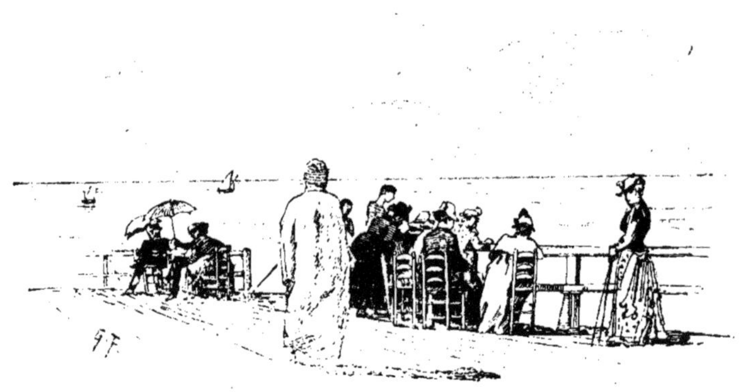

L'ART

DE

PEINDRE LES MARINES

CHAPITRE I

DES TONS ET DES VALEURS

En essayant de donner quelques conseils pratiques pour peindre d'après nature, nous nous adressons à qui sait dessiner déjà.

Avant de se servir de la couleur, il est indispensable de savoir manier le crayon; il faut être capable de prendre un croquis pour entreprendre une aquarelle, même en pochade. Lorsqu'on peint, on a assez à faire déjà pour trouver les tons justes et chercher les combinaisons qui les donnent, sans avoir, en outre, la préoccupation de *repêcher* un dessin qu'on aurait indiqué d'une façon incorrecte.

Nous conseillons donc fortement (et nous insistons tout particulièrement sur ce point) d'apprendre, avant tout, à faire correctement et de façon juste un croquis. Celui qui voudrait peindre avant de savoir dessiner s'embrouillerait de terrible façon et n'arriverait point à faire quoi que ce soit de passable.

Il est urgent de pouvoir faire la mise en place de son

sujet, mise en place aussi exacte que possible, de façon à n'avoir pas à y revenir et à n'avoir plus à s'occuper que des tons et des valeurs.

Dans une précédente brochure, *l'Art de prendre un croquis* (1), nous nous sommes efforcé d'indiquer les moyens les plus simples et les plus pratiques pour y arriver ; nous croyons qu'en se basant sur les diverses manières de procéder que nous avons analysées, on peut arriver, pour peu qu'on soit tenace, à savoir assez vite dessiner suffisamment pour indiquer une mise en place convenable. Lorsqu'on sera un peu sorti des premières difficultés et qu'on se sentira plus sûr de soi, il faudra s'exercer à faire des croquis poussés de dessin et mis à l'effet, au fusain ou à la mine de plomb, puis s'appliquer à faire d'après nature au pinceau, en se servant de la sépia ou de l'encre de Chine, des études serrées ; ce sera un acheminement vers le genre qu'on se propose, d'essayer « l'aquarelle », et cela aidera à acquérir l'habitude de poser les valeurs de ton relativement les unes aux autres.

Car il faut bien se dire qu'en peinture (qu'il s'agisse d'aquarelle, de pastel ou de peinture à l'huile), il est deux choses bien distinctes qu'il ne faut point confondre :

Les tons,
Les valeurs.

Le *ton* veut dire la couleur proprement dite : tel arbre est d'un vert, tel autre d'un autre vert ; l'un est d'un vert

(1) Ayant publié, en dehors de l'ouvrage dont nous donnons ici le titre, une série de volumes sur les différents genres à l'aquarelle, il nous arrivera à plusieurs reprises, pour ne pas nous répéter dans le cours de ce petit traité, de renvoyer nos lecteurs aux explications que nous avons déjà données ailleurs.

bleu, l'autre d'un vert jaune. Tel ciel est bleu, tel autre gris; or il ne suffit pas de voir exactement la *couleur*, le ton d'une chose, il faut aussi en apprécier la *valeur*.

Par *valeur* on entend le degré d'intensité d'un ton par rapport à un autre. C'est là le côté très difficile de la peinture; on aurait beau faire exact de ton, on n'obtiendra jamais un ensemble d'une « tenue générale » si les tons ne sont pas à leur « valeur ». La même couleur

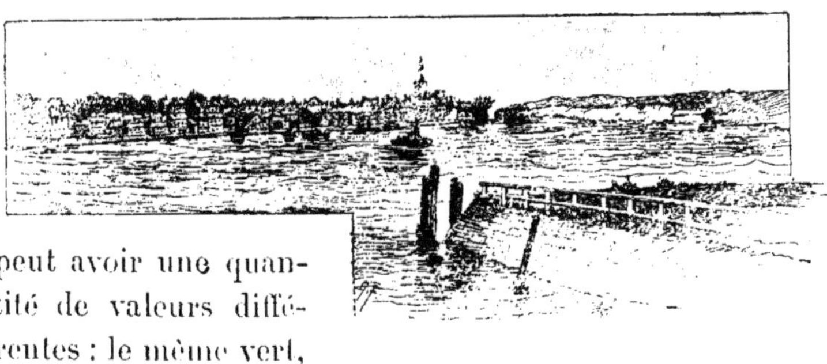

peut avoir une quantité de valeurs différentes : le même vert, le même bleu, le même rouge, peuvent être d'une valeur minime ou donner toute leur intensité, avoir toutes les gradations existant entre le blanc pur et le noir absolu. En peinture, chaque couleur a sa gamme complète; comme en musique, chaque note a la sienne, les passages d'une note à une autre, dans cette dernière, sont moins nombreux, moins perceptibles à l'oreille tout au moins, que ne le sont pour l'œil les gradations de couleurs. Vous apprécierez plus facilement, si votre œil est quelque peu exercé, les plus minimes différences entre la valeur d'un ton et une autre valeur du même ton que vous ne percevrez, en musique, les comas existant entre une note et sa suivante.

Le conseil que nous donnons de commencer par faire beaucoup de dessins poussés avant de peindre, ou de ne peindre tout d'abord (toujours lorsqu'on saura un peu dessiner) qu'avec une seule teinte neutre, sépia, noir ou bistre, est donc basé sur ce que nous disions plus haut :

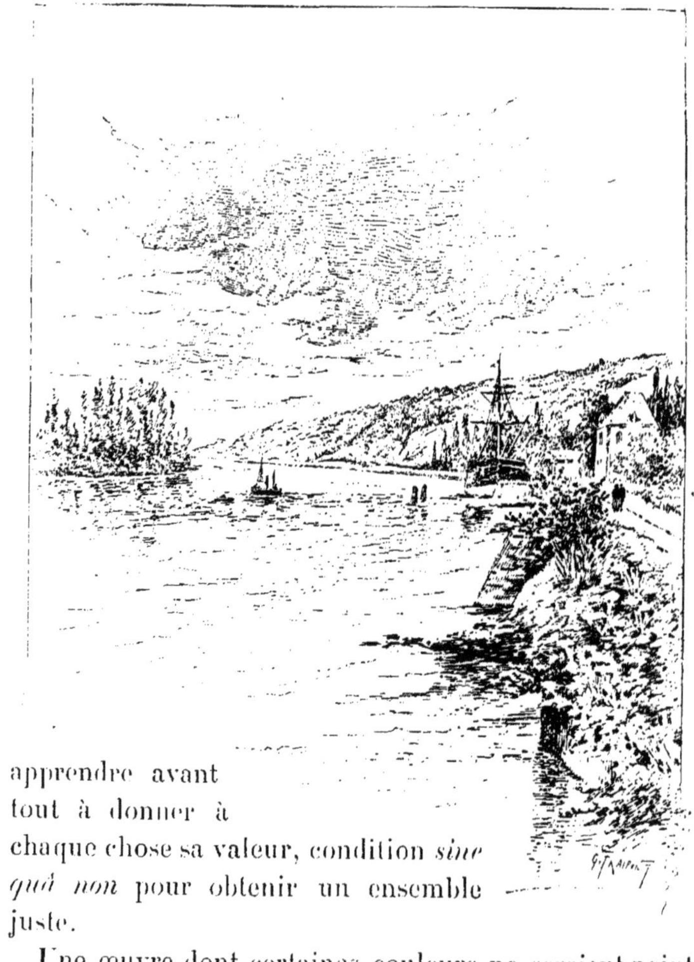

apprendre avant tout à donner à chaque chose sa valeur, condition *sine quâ non* pour obtenir un ensemble juste.

Une œuvre dont certaines couleurs ne seraient point tout à fait exactes, mais dont les valeurs seraient justes, choquera moins qu'une œuvre présentant les qualités et les défauts inverses.

Ceci dit pour faire bien comprendre l'importance qu'il faut attacher aux *valeurs*. Ce qui n'empêchera pas de se préoccuper sans relâche de trouver aussi le *ton* juste.

Nous comparions tout à l'heure la gamme picturale à la gamme musicale, or la note fausse est aussi désagréable à voir en peinture qu'elle l'est à entendre en musique.

La note fausse fait grincer, que ce soit l'œil ou l'oreille qui la perçoive.

CHAPITRE II

QUELQUES EXPLICATIONS CONCERNANT L'AQUARELLE

Nous ne nous adressons pas ici à qui sait peindre déjà. Les artistes adoptent une façon de procéder que nous n'avons pas à leur faire changer; chacun a sa méthode, qui est inévitablement bonne, si les résultats acquis sont satisfaisants. On nous excusera donc de donner des indications, des conseils, qui, de prime abord, pourront paraître enfantins, mais qui pourtant sont nécessaires, puisque nous les donnons à qui ne sait rien de l'aquarelle, à ceux qui, n'en ayant jamais fait, ont le désir de s'essayer dans ce genre, un des plus charmants et aussi des plus agréables à exécuter.

C'est aussi un des plus pratiques pour rendre le sujet que l'on a sous les yeux, surtout pour le rendre vivement; il a en outre cet avantage, sur la peinture à l'huile, de ne nécessiter qu'un bagage fort simple et très peu encombrant, dont nous donnerons plus loin le détail.

Les qualités qui doivent ressortir dans l'aquarelle sont surtout la fraîcheur des couleurs et la fermeté de l'exécution. Ce que nous disions dans l'*Art de prendre un croquis* au sujet des dessins sur nature s'applique également à l'aquarelle : il faut éviter le cotonneux, l'indécis, poser les tons bien carrément et ne pas craindre de les voir se mélanger de temps en temps les uns aux autres.

Peignez donc franchement et sans crainte; à ce prix

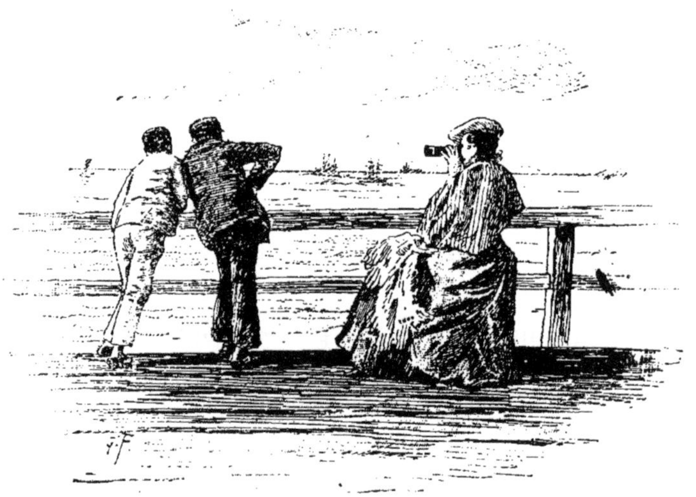

seulement, vous obtiendrez la fraîcheur, qualité maîtresse.

L'aquarelle est, en quelque sorte, quant aux moyens à employer, presque l'inverse de la peinture à l'huile, pour laquelle on procède par empâtement, où l'on pique les lumières, les points vibrants en dernier, alors que, pour l'aquarelle, c'est en laissant transparaître plus ou moins sous les couleurs le ton blanc du papier que vous obtiendrez les différences de valeurs. Les lumières doivent y être réservées. C'est là, du reste, une des difficultés du procédé, difficultés dont il ne faut pas trop s'effrayer pourtant ; on s'y fait vite, et ce qui, tout d'abord, semblait impossible, devient par la suite presque aisé. Comme pour toute chose il faut acquérir un peu d'habileté en travaillant sérieusement, et, sans se laisser rebuter par les déboires inhérents à tout travail nouveau, on arrivera relativement vite à se faire quelque peu la main. Une fois le premier pas franchi, les autres se feront vite.

Évidemment, les essais au début seront pénibles et leurs résultats point merveilleux; mais au bout

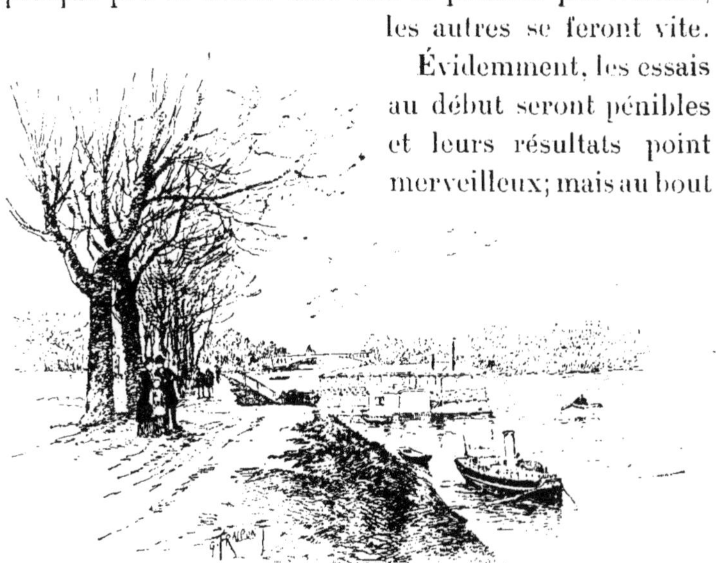

de quelque temps, si l'on a consciencieusement travaillé, on sera étonné des progrès faits. Surtout, nous ne saurions assez le répéter, allez-y hardiment, tant pis si vous « ratez » votre œuvre, vous en serez quitte pour recommencer. Essayez pourtant, quelque mauvaise que vous semble votre ébauche, de la conduire jusqu'au bout ; elle vous servira par la suite à comprendre par où vous péchez, et, à force de voir les fautes que vous aurez commises, vous arriverez, aux études suivantes, à les éviter.

CHAPITRE III

MATÉRIEL DE CAMPAGNE

Les moyens les plus simples étant généralement les meilleurs, le matériel devra, lui aussi, être simplifié le plus possible. On ne peut, évidemment, lorsqu'on est en excursion, avoir toutes ses aises, promener avec soi tout le bagage qu'on possède à l'atelier; on risquerait fort d'arriver sur place éreinté, moulu, et par conséquent fort peu en train de travailler. Nous indiquerons la façon dont, personnellement, nous nous sommes organisé pour travailler commodément au dehors sans nous encombrer d'un fardeau inutile; à chacun de nos lecteurs à modifier cette organisation suivant son caractère et ses goûts.

Voici, en résumé, ce qu'il est indispensable d'avoir sur soi :

Palette,

Couleurs,

Étui contenant crayons et pinceaux,

Un bloc ou un carton renfermant quelques feuilles de papier,

Une planchette ou un châssis, éponges fines, un bidon à eau avec godets ou une gourde.

Voilà pour peindre.

Pour l'installation, peu de chose :

Un pliant, une ombrelle.

Donnons maintenant quelques détails sur chacun des objets cités plus haut.

§ 1.

Des couleurs.

On se servait autrefois pour l'aquarelle de couleurs en pastilles ou en tablettes. Elles avaient leurs qualités,

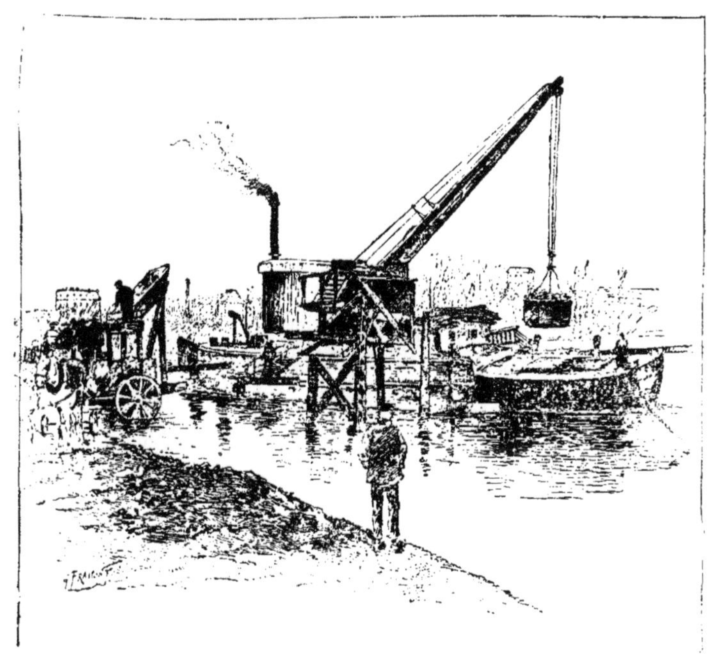

mais aussi leurs inconvénients ; certaines couleurs surtout avaient de la peine à se détremper, et il fallait les frotter longtemps pour amasser dans son pinceau la quantité voulue.

Aujourd'hui nous avons les couleurs moites, préparées au miel ; elles ont l'avantage de rester molles, de fournir beaucoup et de posséder une grande intensité de ton.

Ces couleurs, fort agréables à employer, sont renfermées dans des godets garnissant les casiers d'une palette en zinc, vernie extérieurement, émaillée à l'intérieur. Disons maintenant que nous leur préférons, nous (ceci est une affaire de goût), les tubes de couleurs, pareils, quant au contenant, aux couleurs à l'huile. Nous les trouvons plus commodes et plus pratiques, car on peut ne garnir sa palette que de la quantité suffisante pour la séance; celle-ci finie, on lave bien la palette, et, à

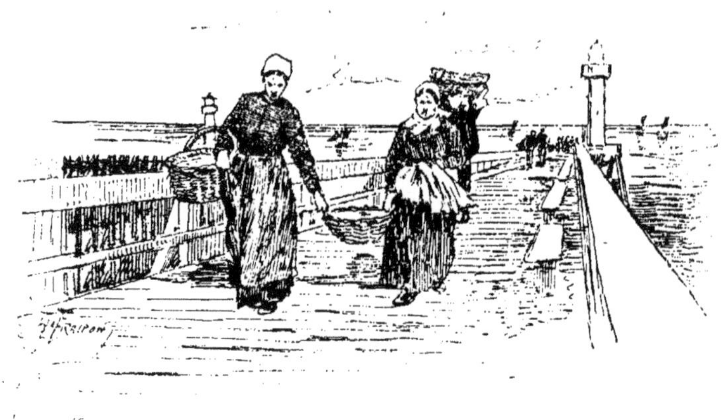

chaque nouvelle séance, on renouvelle sa gamme de tons qui est ainsi toujours fraîche, chose plus difficile lorsque les couleurs sont en godets : aux mélanges de tons et dans certaines couleurs plus poreuses que les autres, il peut se glisser un peu d'eau, salie déjà, et enlevant la fraîcheur à celles qui en auraient été imbibées.

Nos tubes de couleurs sont renfermés dans un petit sac à coulisses; ceci est facile à glisser dans une poche. Donc, rien de gênant. Il est inutile, même nuisible, de se servir d'une palette trop compliquée, en commençant surtout. On risque fort de s'embrouiller. Que chez soi on ait en réserve certaines couleurs nécessaires à des aquarelles poussées et faites dans le recueillement de l'atelier pour certains effets à obtenir, c'est fort bien; mais au dehors nous ne prenons guère avec nous que celles dont voici la nomenclature :

Noir d'ivoire,
Sepia colorée,
Terre de Sienne brûlée.
Ocre jaune,
Jaune indien,
Jaune de chrome clair.
Vermillon,
Laque de garance (ou laque carminée),
Vert Véronèse,
Vert olive,
Outremer,
Cobalt,
Bleu de Prusse.

RENSEIGNEMENTS SUR LES COULEURS.

Noir d'ivoire. — Une des couleurs les moins employées à l'aquarelle, sinon dans certains mélanges pour obtenir des gris froids ou purs, pour repiquer certaines parties foncées ou donner la couleur juste à divers objets dont le ton normal est noir et restera noir dans les parties d'ombre; mais il faut l'employer très discrètement.

Sépia colorée. — Contrairement à la précédente, le *sépia* est un des tons les plus utiles; on l'emploie pure dans bien des cas. Elle sert beaucoup aussi dans les mélanges et pour les dessous. Modifiée avec le bleu outremer, par exemple, on obtient des gris chauds superbes de tonalités.

Terre de Sienne brûlée. — Ton chaud, d'une coloration magnifique comme sa voisine en palette, la sépia; elle s'emploie pure dans bien des cas, pour certains terrains, des ciels de coucher de soleil, arbres à l'automne, etc. Très transparente, elle modifie en glacis les autres tons.

Ocre jaune. — Celle-ci est la plus utile pour les effets brillants · pure, elle a un ton d'or merveilleux : elle entre

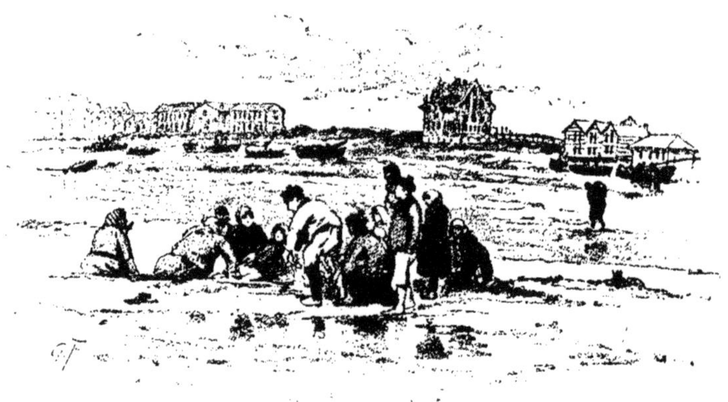

du reste en première ligne pour peindre les ors. Dans les grandes lumières, les effets de soleil, l'ocre jaune est absolument indispensable; est employée presque constamment pour certains verts, pour les gris chauds, etc...

Certaines couleurs peuvent, au pis aller, vous manquer sur votre palette, — avec un peu d'effort, vous arriverez, à peu de chose près, à obtenir les effets que vous désirez en mélangeant d'autres couleurs entre elles ; mais si vous oubliez votre ocre jaune, impossible de rien faire.

Jaune indien. — Couleur très transparente et donnant, mélangée avec les bleus, des verts superbes de lumière. Pour les verts très frais, très éclairés il fait merveille marié avec le vert Véronèse. Mélangé aux tons opaques, il réchauffe ces derniers; très transparent, il sert beaucoup en glacis.

Jaune de chrome clair. — Très solide, mais très opaque, très employé pour les verts.

Vermillon. — Le rouge, quoique s'employant relativement peu, surtout dans la peinture de marine, est indispensable aussi, soit pour certaines parties franchement rouges, soit en mélange avec les carmins ou les bleus, pour certains effets de ciel notamment; mais, dans ce dernier cas, cette couleur doit s'employer très allongée d'eau, car, étant opaque, elle donnerait vite un ton lourd, si l'on n'y allait prudemment.

Laque carminée ou laque de garance. — Couleur très transparente, donnant d'heureux effets, dans les glacis; réchauffe, les bleus, sert à donner, en mélange avec eux, toute la gamme des violets.

Vert Véronèse. — Couleur qui n'est pas indispensable, mais qui nous a rendu service souvent pour obtenir, mélangée au jaune indien, par exemple, des verts d'un lumineux intense et au bleu des gris bleutés ou verdâtres d'une extrême finesse.

Vert olive. — Très agréable et commode à employer comme base de bien des verts chauds; a la qualité aussi d'être très transparent.

Bleu de cobalt. — Couleur superbe, bien qu'opaque pour les ciels; s'emploie rarement pure. Mélangée à l'outremer, donne des tons de ciels bleus très justes; on peut modifier avec une pointe de bleu de Prusse ou de bleu minéral. Sert aussi dans la composition des verts.

Outremer. — Très beau ton de bleu un peu violacé; nous disons son emploi dans les ciels avec la couleur précédente. Sert beaucoup dans les gris, dans les verts sombres, etc. Mélangé avec la sépia, produit des tonalités d'un très beau gris; rappelant la couleur nommée teinte neutre.

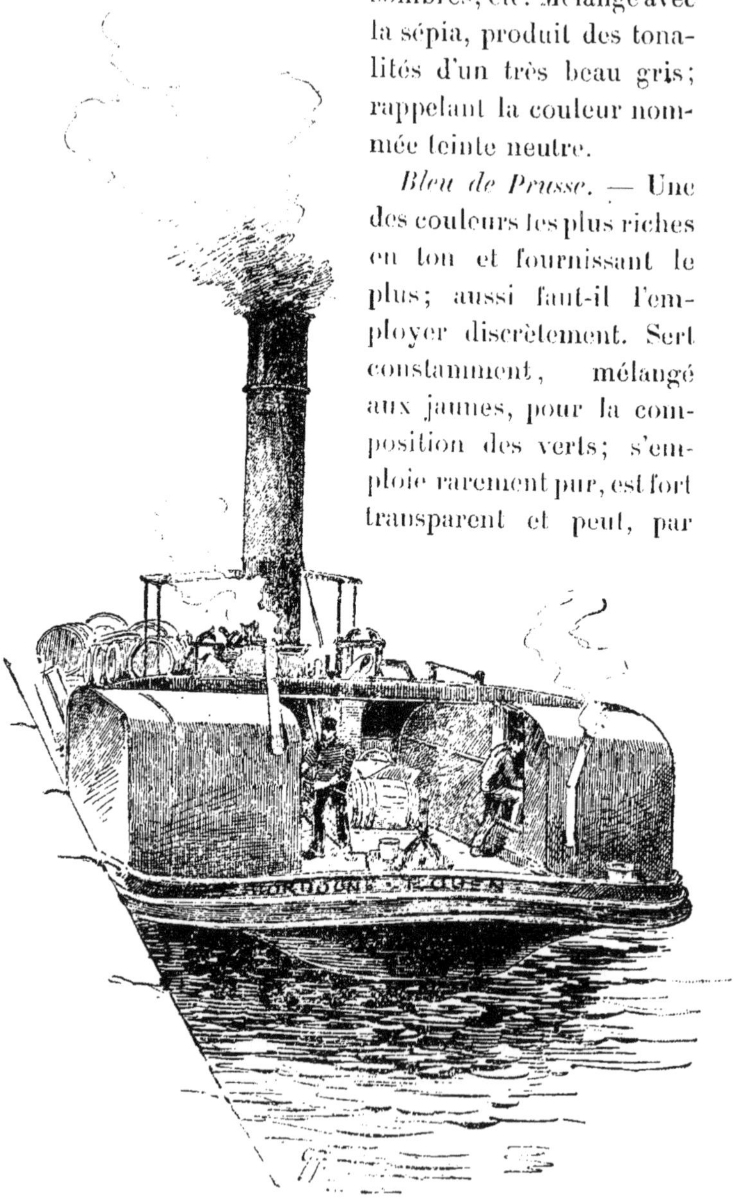

Bleu de Prusse. — Une des couleurs les plus riches en ton et fournissant le plus; aussi faut-il l'employer discrètement. Sert constamment, mélangé aux jaunes, pour la composition des verts; s'emploie rarement pur, est fort transparent et peut, par conséquent, servir aux glacis, dans les verts surtout. Certains le remplacent par le « bleu minéral », à peu près son équivalent.

Il est indispensable d'avoir des couleurs de toute première qualité; ce serait, en effet, une grosse erreur que de chercher une économie, fort minime en tous cas, sur le prix des tubes. Les plus coûteuses sont les laques, mais c'est justement celles-là qui ont besoin d'être de toute première marque, sinon elle s'évaporent et ne sont guère que « déjeuner de soleil ».

Très réputées sont les couleurs anglaises. Pour ceux qui voudraient les employer, nous donnons la traduction de la nomenclature que nous en avons faite en français quelques pages plus haut :

Ivory Black.	Noir d'ivoire.
Warm Sepia.	Sépia colorée.
Burnt Sienna.	Terre de Sienne brûlée.
Yellow Ochre.	Ocre jaune.
Indian Yellow.	Jaune indien.
Lemon chrome.	Jaune de chrome.
Deep Vermilion.	Vermillon foncé.
Crimson laque.	Laque carminée.
Madder brown.	Laque de garance.
Esmerald Green (1).	Vert Véronèse.
Olive Green.	Vert olive.
Cobalt.	Cobalt.
French ultra.	Outremer.
Prussian blue.	Bleu de Prusse.

Mais il n'est pas indispensable d'employer des couleurs anglaises, car nous en avons en France de parfaitement préparées; évitez surtout, nous vous le répétons, de les prendre au rabais, vous vous en repentiriez.

(1) On remarquera l'inversion qui fait appeler en anglais le Véronèse « Esmerald » et le vert émeraude « Veronese Green. »

Il en est de cela comme pour tout le reste : on n'en a jamais que pour son argent, et telles couleurs qui seront moins chères que d'autres seront encore d'un prix trop élevé, étant donnée l'infériorité de leur qualité.

§ 2.

De la palette.

La palette en métal doit être choisie d'une dimension assez grande pour permettre le délayage des couleurs dans beaucoup d'eau ; une palette trop petite est très incommode, et il est difficile d'y garder des tons frais.

Prenez donc une palette de dimensions raisonnables, environ 20 × 12 fermée et par conséquent 20 × 24 déployée.

Se fermant comme un livre, elle aura, à sa partie supérieure, le nombre de cases nécessaires pour placer les couleurs, sera percée d'un trou pour le pouce dans la partie du bas ; cette palette ouverte se tient absolument comme celles qui sont ovales, dont on se sert pour la peinture à l'huile.

Nous préférons de beaucoup ce mode à celui de la poignée extérieure, qui n'est jamais aussi solide, se replie quand il ne faut pas, bref, est d'un maniement moins aisé.

§ 3.

Pinceaux, brosses.

La qualité des pinceaux a une grande importance.

Montrez-vous donc très difficile, lorsque vous en faites l'acquisition ; essayez en dix, vingt, s'il le faut, avant de choisir ceux que vous garderez. Pour qu'un pinceau réunisse les qualités voulues, il faut qu'il fasse bien la pointe, qu'il soit absolument uni (point de poils se redressant ou se séparant), que le renflement du milieu en soit d'une grosseur raisonnable, qu'il ait de la souplesse, tout en n'étant point mou, enfin qu'il soit à poils courts. En achetant, ayez toujours soin de demander un peu d'eau dans laquelle vous le plongerez ; au bout de quelques instants, il faut que votre pinceau, retiré de l'eau, présente l'aspect que nous avons essayé d'indiquer

Nous préférons de beaucoup les pinceaux

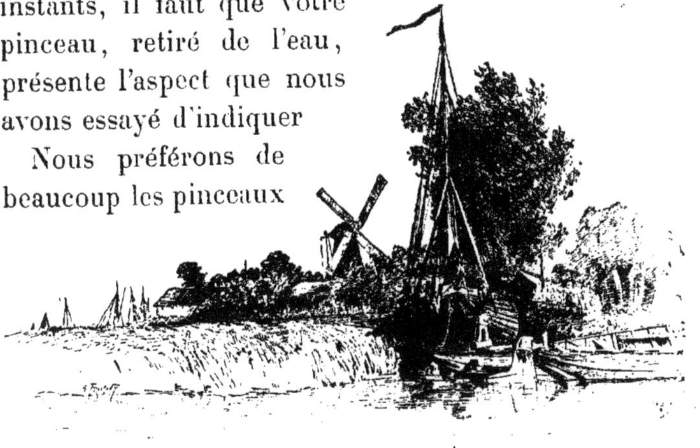

simples aux pinceaux doubles. Ce n'est pas que ceux-ci ne soient pas d'un maniement commode : ils présentent même certains avantages, lorsqu'on veut se servir du pinceau humide d'un bout et sec de l'autre; mais ils sont d'un transport plus difficile, impossibles à mettre dans un étui, puisque le bout sur lequel ils posent serait abîmé à la fin du premier voyage.

Prenez-les donc plutôt montés d'un seul bout ; vous en serez quittes, en peignant, pour en avoir plusieurs à la main, chose facile, si vous employez le genre de palette conseillé dans le précédent paragraphe.

Les pinceaux à aquarelle sont en martre, en petit-gris, etc. Chacun les prend à son goût, après essai; nous nous contentons, pour notre part, de pinceaux en poil anglais.

Soyez très soigneux pour leur entretien ; ne bouclez jamais votre étui sans les avoir bien rincés, ni sans avoir nettoyé votre palette à fond. Vous vous êtes muni d'éponges : que l'une d'elles soit sacrifiée pour la toilette de vos ustensiles; l'autre servira, pendant le courant de votre travail, à humecter votre papier ou à enlever des blancs dans certaines parties.

Il est bon de joindre à ses pinceaux une ou deux brosses un peu dures, brosses comme celles qu'on emploie pour la peinture à l'huile ; usez-les même, à l'avance, elles n'en vaudront que mieux. En les passant dans un sens capricieux sur des parties encore fraîches, elles vous donneront des effets inattendus, que le hasard fera naître souvent mieux que la recherche. « Le hasard est la providence des gens intelligents », a dit Alexandre Dumas, je crois ; or, comme tous nos lecteurs sont évidemment des gens intelligents... qu'ils concluent eux-mêmes !

§ 4.

Le papier.

Le papier le meilleur pour l'aquarelle est incontestablement le Whatman; il en existe d'autres, propres aussi à peindre, mais qui ne réunissent pas toutes les conditions de solidité et en même temps de souplesse que possède le premier. Le papier pour aquarelle, quelle que soit sa marque, ne doit jamais être lisse, mais toujours à grain plus ou moins fin, suivant la façon plus ou moins large de peindre, suivant aussi la « patte » et la « facture » de celui qui l'emploie. Nous nous servons, pour notre part, d'un papier à grains un peu relevés : il nous semble que les effets en sont plus francs, plus fermes; mais, je le répète, ceci est une affaire de préférence et surtout d'habitude. On peut faire des œuvres excellentes sur papier à grain fin et de détestables sur papier gros grain. Il ne suffit pas d'avoir d'excellents pinceaux, de superbe papier et

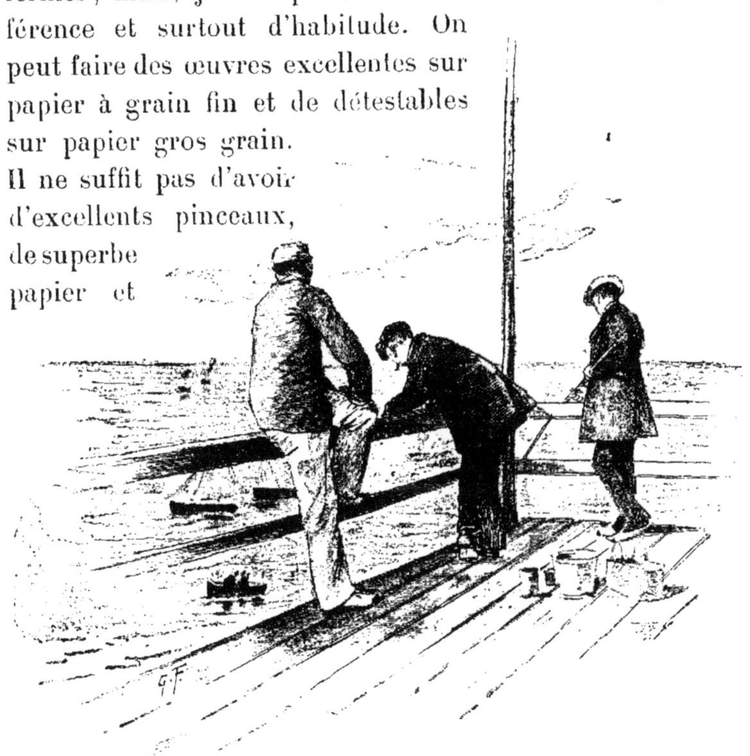

des couleurs rutilantes de ton pour faire des chefs-d'œuvre. Ce serait trop facile. Tout réside, comme en toutes choses, en la manière de s'en servir.

Beaucoup d'artistes, amateurs ou de profession, se servent de « blocs ». On appelle bloc une série de feuilles de papier, rognées à un format quelconque (il en existe à peu près de tous formats) et collées entre elles sur les extrêmes bords, puis appliquées sur un fond de carton, ce qui leur donne un peu l'aspect d'un volume relié. Pour détacher la première feuille, il suffit d'engager au-dessous la pointe d'un canif qu'on fait glisser tout autour, de même pour la seconde, et ainsi de suite, jusqu'à la dernière.

A côté de l'avantage qu'a ce mode d'arrangement du papier, d'être portatif et d'offrir toujours les feuilles bien tendues. il a des inconvénients qui, pour notre part, le font rejeter. D'abord on n'est pas toujours sûr de la qualité du papier employé. A cela, il sera répondu qu'on fera faire son bloc « sur mesures » et avec un papier qu'on aura choisi... Soit!

Passons donc sur ce premier point et voyons les autres.

Pour confectionner un bloc, il faut que les feuilles de papier soient d'abord pliées à plusieurs reprises jusqu'au format voulu, puis mises sous presse.

Le pliage a l'inconvénient de présenter des feuilles à l'envers et d'autres à l'endroit, et la mise en presse celui d'écraser plus ou moins le grain et d'abîmer, par conséquent, la fleur du papier, indispensable pour être apte à recevoir nettement la couleur sans laisser des granulés ou des maculatures, choses désespérantes lorsqu'elles se présentent au courant d'un travail qu'il faut recommencer dans ce cas. Ceci nous est arrivé!

Enfin, à moins d'emporter avec soi une collection de blocs de tous formats, ce qui deviendrait aussi encombrant que peu économique, vous êtes forcé : 1° de vous tenir toujours dans le format adopté, 2° de faire toujours votre aquarelle en une seule séance, puisqu'il faut attendre qu'une feuille soit achevée pour découvrir la suivante.

Conclusion. Nous croyons ne devoir admettre l'emploi du bloc que pour des pochades vivement faites et le déconseillons pour des œuvres un peu soignées et par conséquent plus longues à exécuter.

Nous ne préconiserons point davantage le *stirator* (1) de quelque système qu'il soit. Bon cela à l'atelier, mais peu pratique en voyage, où, soumis à toutes les variations de température, sécheresse ou humidité, le *stirator* menace fort de jouer, et, par conséquent,

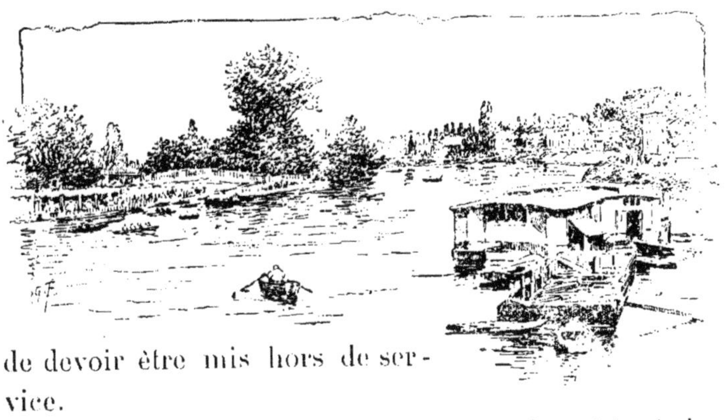

de devoir être mis hors de service.

La système le plus pratique, à notre avis, est tout simplement d'emporter un châssis bien fait, bien assemblé, sur lequel on tendra son papier (après l'avoir toujours bien humecté à l'envers) et qu'on maintiendra avec quelques punaises, ou bien, et c'est le moyen que nous employons, tout simplement une planchette mince en bois dur et à fils contrariés (pour éviter le gondolage), sur laquelle vous fixez votre papier toujours avec des punaises et toujours après l'avoir mouillé. Avoir toujours soin de travailler sur la face du papier, facile à reconnaître, en le regardant en transparence : la marque de

(1) Châssis enclavés l'un dans l'autre et maintenant entre eux le papier.

fabrique Whatman ou toute autre doit se lire à l'endroit.

Prendre du papier d'une bonne épaisseur : il gondole moins et résiste mieux aux lavages successifs, inhérents à l'aquarelle.

Tendez toujours votre papier avant de partir en « séance de plein air » ; garnissez votre palette, et vous serez ainsi tout prêt à vous mettre à l'œuvre en arrivant sur place. Un bon chasseur a toujours son fusil chargé lorsqu'il est en quête de gibier; faites comme lui, lorsque vous vous mettrez en quête de « points de vue ».

§ 5.

Des autres accessoires.

Peu de choses à dire sur les autres accessoires de l'aquarelliste en campagne. Quelques crayons point trop durs ; ils écorcheraient votre papier ou tout au moins entreraient dans la pâte et y graveraient de petites rigoles fort désagréables et d'un pitoyable effet.

Point trop mous non plus, ces crayons; ils feraient des traits trop gros en s'usant trop aisément sur les grains du papier et le saliraient. Or, nous l'avons dit, une des qualités de l'aquarelliste est d'être propre et de se servir toujours non seulement de papier immaculé, mais d'ustensiles *idem*.

Prenez donc des crayons de vigueur moyenne, vous permettant de dessiner aussi légèrement et aussi finement que possible.

Les *éponges* devront être fines, surtout celles que vous destinerez au lavage de votre papier.

La *gourde à eau* sera avec godets aux deux bouts.

Un pliant trépied, dit pinchart ; une ombrelle à man-

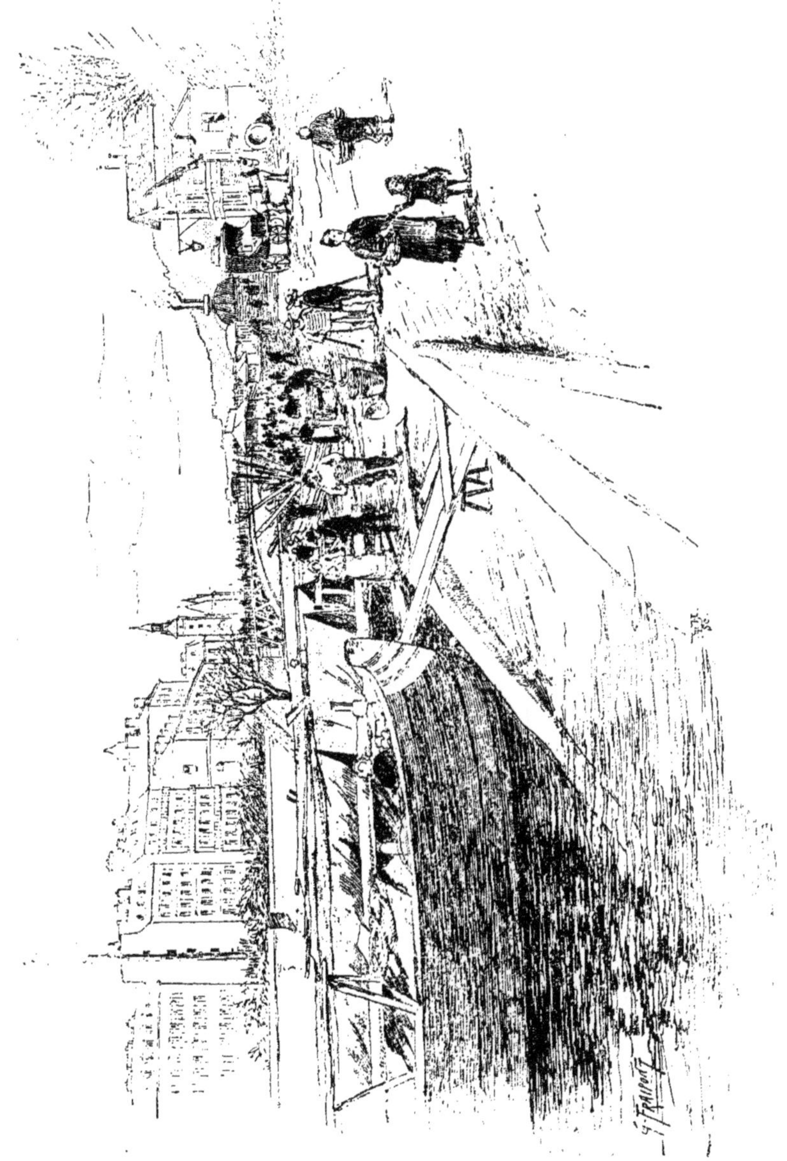

che coudé et à pique (1) sont indispensables : le premier parce que, pour peindre, il faut absolument être aussi bien installé que possible, et, sans rechercher tout à fait le confortable, difficile à exiger en campagne ou sur une plage, il faut être commodément assis pour avoir la main ferme et tenir solidement son papier.

L'ombrelle aussi est de toute urgence ; il serait en effet impossible de s'installer en plein soleil, chance que vous courrez souvent, sur les plages notamment, où quelques bienfaisantes falaises ne se trouveront pas toujours juste à l'endroit voulu pour vous abriter de leur ombre. Il est impraticable, disons-nous, de travailler à l'aquarelle sans être abrité, sans surtout avoir son papier à l'ombre, et ce, pour bien des raisons : d'abord vos yeux auraient vite fait d'être éblouis par l'intensité des rayons frappant sur le blanc ; et je suppose que vous tenez à vos yeux tout autant que je tiens aux miens.

Voilà déjà une excellente raison, ce nous semble. Mais si vous en vouliez d'autres, les voici : vous risqueriez de faire des études absolument noires de tons, et cela se comprend, la lumière du soleil frappant en plein est tellement intense que vos tons appliqués sur papier vous sembleraient décolorés ; vous chargeriez en couleur, croyant obtenir vos effets, et, rentré chez vous, votre effet de soleil deviendrait un effet de lune ! Nous avons vu semblables méprises, au grand désespoir de ceux qui en étaient les auteurs.

Enfin l'aquarelle devant toujours se travailler sur papier humide, la chaleur du soleil ferait sécher instantanément et gondoler votre papier. Donc l'ombrelle est indispensable, C. Q. F. D.

(1) Voir à ce sujet : l'*Art de prendre un croquis*.

Ayez toujours en poche quelques mètres de ficelle solide; par les grands vents ou dans des terrains trop durs pour vous permettre d'enfoncer solidement votre pique, vous vous aiderez de la ficelle pour fixer ou maintenir votre ombrelle.

Par prudence, portez en bandoulière une gourde supplémentaire assez grande, renfermant une provision d'eau. Car il faut tout prévoir : vos godets peuvent se renverser, un accident quelconque peut vous arriver, et,

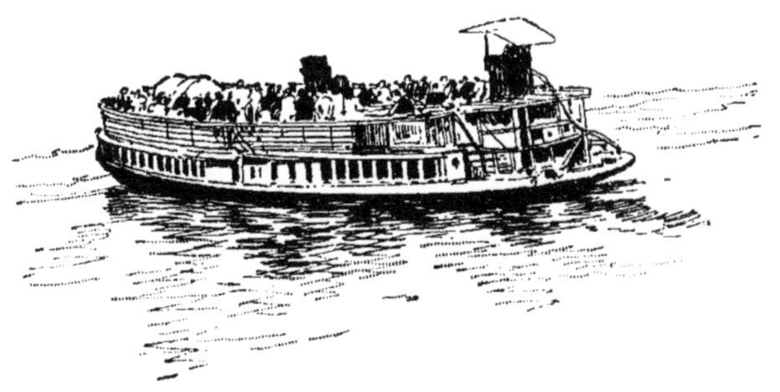

dame, un aquarelliste manquant d'eau ferait piteuse mine!

Bref, il faut s'installer bien d'aplomb pour n'avoir pas à chaque instant à modifier ou à rectifier son installation, ce qui fait perdre beaucoup de temps et finit par devenir énervant.

Voilà donc, quant au bagage. A chacun à modifier suivant ses goûts et à prendre ce que bon lui semblera, à adjoindre ce qui lui sera utile ou à supprimer ce qui lui semblera fastidieux.

La fin justifie les moyens.

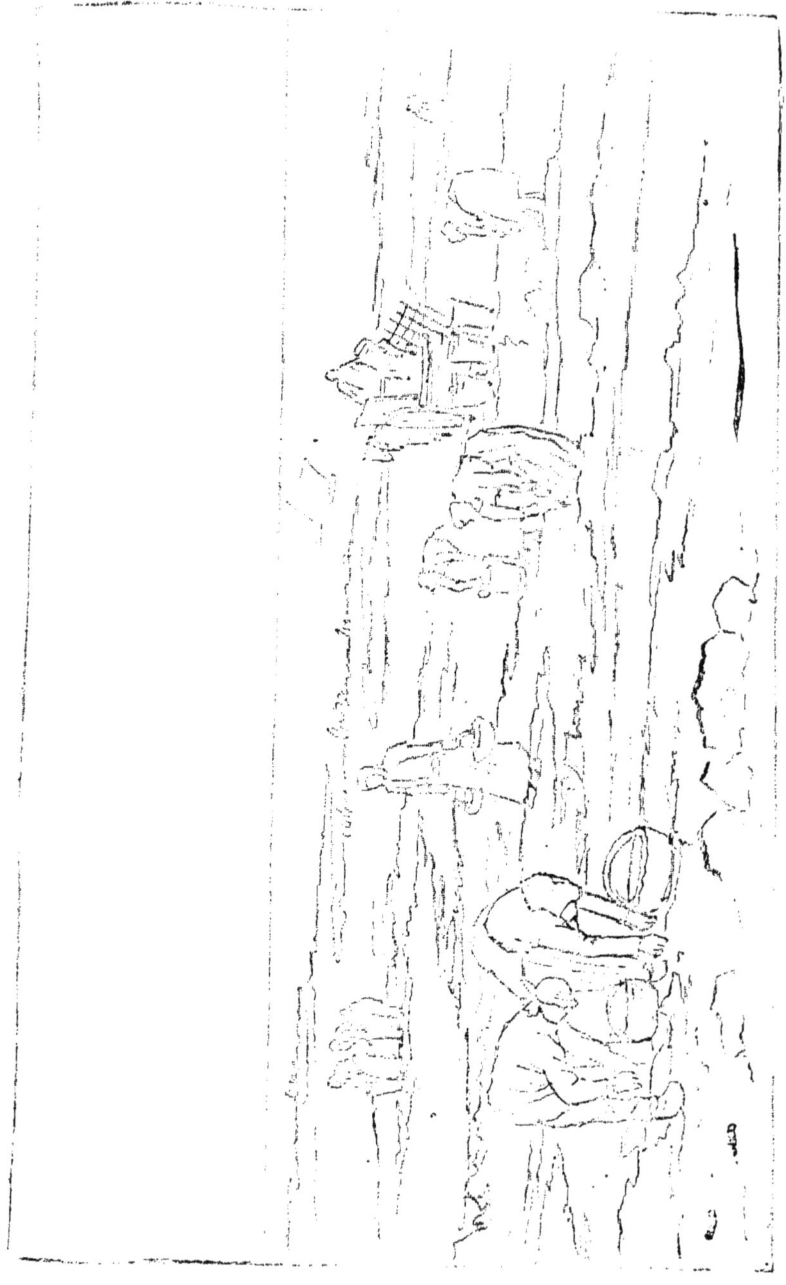

CHAPITRE IV

RENSEIGNEMENTS ET CONSEILS SUPPLÉMENTAIRES

Nous avons dit en commençant qu'il était prudent, si l'on ne veut pas éprouver de déboires, de faire, avant de commencer l'aquarelle proprement dite, des études, d'abord au crayon ou au fusain; ensuite en tons monochromes noirs (encre de Chine ou noir d'ivoire), bruns (sépia) ou bleutés (teinte neutre); nous y insistons, car qui voudrait de suite s'offrir le luxe des couleurs sans, au préalable, s'être exercé au maniement du pinceau, se découragerait vite, étant donnés les inattendus d'un procédé inconnu d'eux, inattendus qui viendraient augmenter les difficultés déjà bien suffisantes, alors même qu'on a fait ses premières armes.

Nous ne saurions trop recommander d'employer beaucoup d'eau, pour les parties à grande surface surtout : ciels, terrains, etc. ; les détails seuls doivent se faire avec un pinceau moins détrempé.

Ne jamais appliquer une seconde teinte sur une autre encore trop humide, sous peine d'avoir des bavures et des taches, accidents qu'on ne peut guère réparer qu'au détriment de la fraîcheur de la partie abîmée.

Attendre aussi, cela va de soi, qu'un dessous soit sec pour y mettre des détails.

Nous voulons prémunir nos lecteurs sur certains ennuis presque inévitables pour les commençants, mais qu'ils ne se rebutent point pour cela ; il n'est même pas mauvais que certains petits accidents leur arrivent :

quand ils les auront éprouvés, ils n'apprendront que mieux à s'en garantir.

Ceci dit, il est entendu que nous nous adressons maintenant à qui sait non seulement faire un croquis, une bonne mise en place, mais à qui sait aussi manier déjà quelque peu les outils de l'aquarelliste.

Si, tout en sachant faire un croquis, vous n'êtes pas assez sûr de vous pour indiquer sans redite votre sujet et que vous vous méfiiez de votre habileté (certains arrivent à faire du premier jet une bonne mise en place

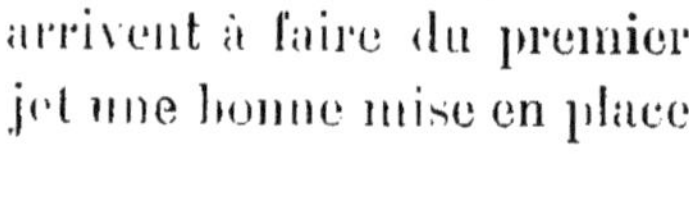

alors que d'autres n'arrivent au même résultat qu'en peinant davantage), donc si vous craignez de tâtonner en faisant votre travail préliminaire, c'est-à-dire l'indication du point de vue que vous voulez rendre, faites alors cette indication sur une feuille de papier à part, papier à croquis ou papier à calquer, et vous pourrez chercher à votre aise votre dessin. Une fois celui-ci bien établi, faites-en un calque que vous reporterez sur votre feuille de papier à l'aquarelle ; vous aurez alors un dessin net et propre, conditions indispensables, nous l'avons dit.

Pour reporter un dessin fait à part, il faut : avec un crayon un peu tendre, le retracer à l'envers du calque, puis appliquer celui-ci sur le papier à aquarelle. En frottant doucement avec le plat de l'ongle, ce trait s'imprime légèrement; s'il ne vous semble pas assez visible, repassez-le au crayon.

Nous donnons ce moyen pour ceux seulement qui n'ont pas le « croquis facile » ; pour les autres, il vaut mieux indiquer directement sur son papier à aquarelle, toujours par un trait, aussi net et fin que possible, car il ne faut pas qu'on le voie, une fois la peinture terminée : le trait ne doit servir que d'indication.

En regard de la planche en couleur, nous donnons, page 32, le croquis de la même planche, en priant

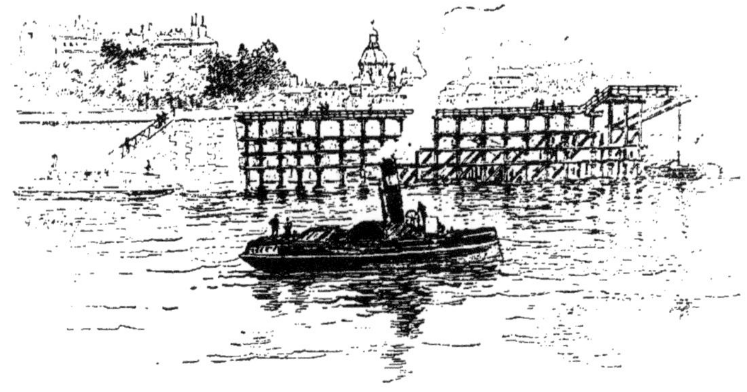

notre lecteur de faire la part du procédé qu'il a fallu employer pour l'impression et qui rend fatalement le trait noir et lourd, alors que celui-ci doit être gris et léger.

Notre modèle ne doit donc servir que comme indication de la quantité de détails qu'on doit mettre. Mais en ceci encore il y a à ajouter ou retrancher; des artistes que nous connaissons peignent sur un croquis succinct (question d'habileté et de sûreté toujours), d'autres ne s'attaquent à la couleur que lorsque leur croquis est tracé dans tous ses détails. A chacun à agir suivant ses aptitudes.

Tout chemin mène à Rome, dit-on, les plus longs et les

plus courts; à l'aquarelle aussi... le grand point est de ne pas s'égarer en route.

CHAPITRE V

POURQUOI NOUS COMMENÇONS PAR LES MARINES

Nous croyons avoir donné suffisamment de renseignements au sujet des accessoires et de la manière de s'en servir, et, pareillement, assez d'explications sur l'aquarelle et la façon générale de s'installer.

Passons maintenant au genre qui fait l'objet de notre brochure, *la Marine*, au choix des sujets, aux différents effets, etc.

En art, tout est difficile, nous le savons tous; mais enfin il y a le plus et le moins. Or, si nous avons commencé notre série par *la Marine*, c'est que celle-ci nous a semblé pouvoir offrir, pour débuter d'après nature, des sujets plus simples, plus accusés d'effets, et présenter, par conséquent, d'excellents motifs d'études souvent peu compliqués tout en donnant des ensembles. Nous nous adressons ici surtout à des amateurs, ne l'oublions pas, et ceux-ci ont souvent moins de loisirs, oserai-je dire aussi moins de ténacité, la plupart du moins, que les artistes de profession qui s'astreignent souvent à des études fort ingrates, peu amusantes comme sujets, mais présentant pour eux un intérêt et un attrait sérieux, l'étude et le besoin d'apprendre et d'étudier toujours.

Mais, quelque fort qu'on soit, à quelque degré d'habileté qu'on soit arrivé, on a toujours à apprendre. Les artistes sincères choisiront donc souvent certains motifs que rarement amateur sera tenté d'aborder. Il y a exception à toute règle, et maints amateurs sont de vrais artistes ayant travaillé avec acharnement pour le devenir; mais beaucoup d'autres, que leurs occupations

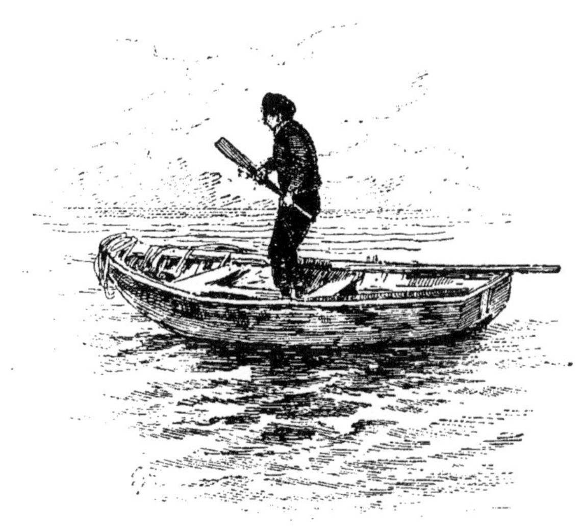

souvent empêchent de travailler « leur art » comme ils en auraient le désir, ne cherchent, en dessinant ou en peignant, qu'un passe-temps, fort agréable toujours. Ceux-là n'auront pas le courage d'entreprendre des sujets *uniquement* d'études, il les leur faudra surtout « amusants »; qu'ils commencent par des marines, ils trouveront là les deux réunis.

Tout est beau à la mer. Qu'il y ait des roches ou des dunes, qu'il fasse soleil ou temps gris, que la mer soit calme ou qu'elle soit agitée, les effets qu'elle nous donne sont toujours splendides à voir — et à peindre, par conséquent.

Nous ne voulons pas pourtant donner à entendre que *la Marine* est toujours simple et que les sujets en soient toujours aisés à rendre, loin de là, il en est de fort compliqués, et pour rendre certains effets, il faut être un artiste consommé; nous voulons dire, tout simplement, qu'on peut, au bord de la mer, trouver à foison des sujets faciles à traiter, peu compliqués de dessin et donnant pourtant des motifs « faisant tableau », conditions recherchées par bien des amateurs peintres, semblables à cela aux amateurs musiciens qui désirent, dès en commençant, jouer leur « petit morceau » plutôt que de s'astreindre à faire des gammes L'un est plus amusant que l'autre, c'est possible. mais bien moins profitable.

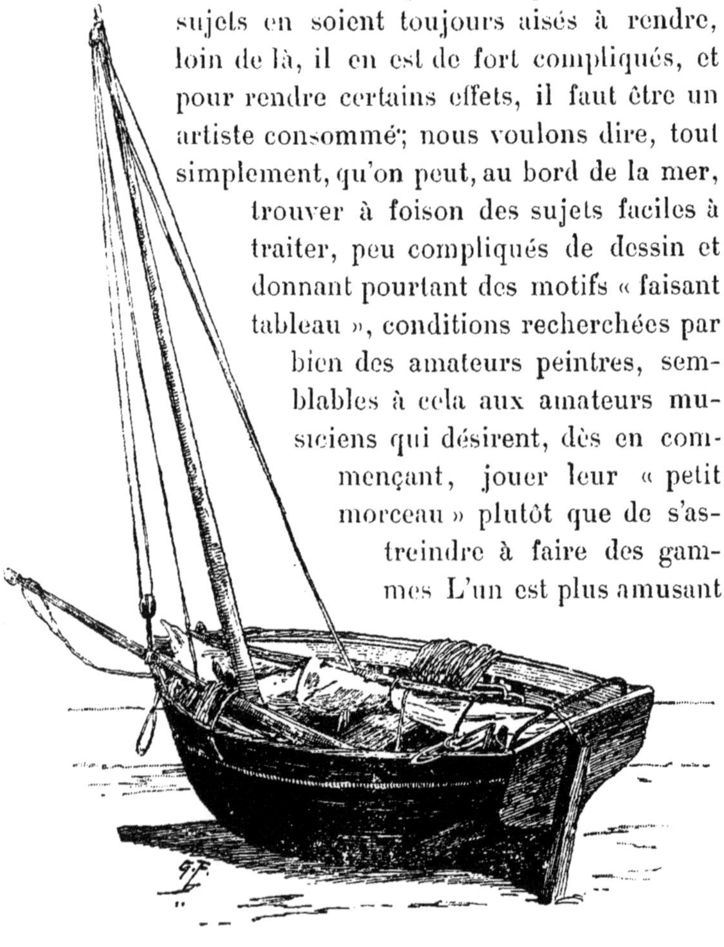

Donc, suivant que vous voudrez seulement vous distraire ou viser à devenir artiste, faites des gammes ou ne jouez que de petits morceaux; ceci est au choix.

Admettons que ce soit la première de ces deux suppositions qui soit la bonne ; dans ce cas, vous trouverez,

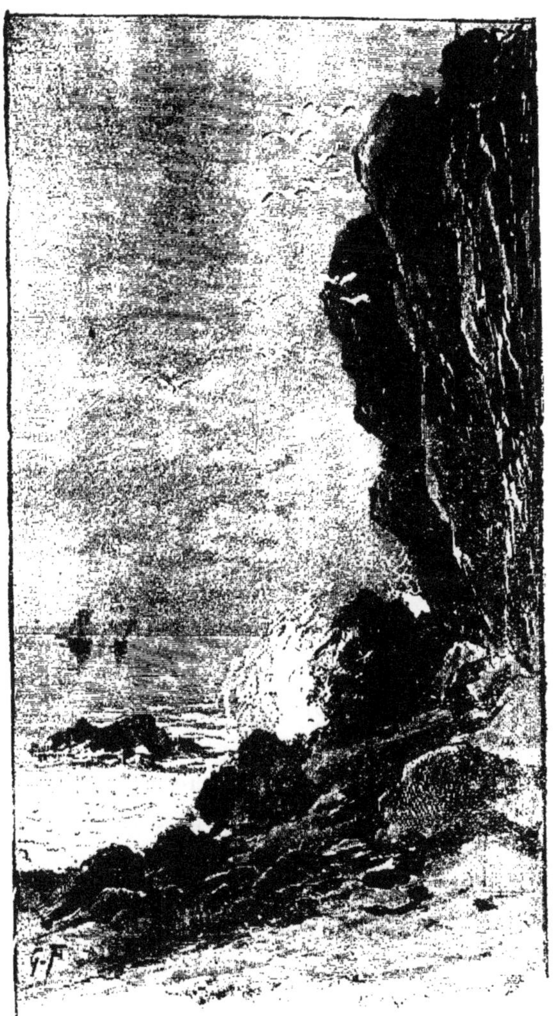

en vous attaquant à *la Marine*, foule de sujets qui vous amuseront infiniment à peindre :

Barques de pêcheurs à marée basse,

Pêcheurs, si vous ne redoutez point d'attaquer la figure, Rochers imposants par leurs formes ou capricieux de silhouettes, etc., etc.

Ce qui précède expliquera notre choix de commencer par *les Marines*, qui présentent d'autres agréments, par exemple celui de vous offrir un air excellent à respirer et de vous reposer de vos « fatigues artistiques », en prenant des bains.

CHAPITRE VI

DES EFFETS

Dans la subdivision par « genres » que nous avons adoptée, nous avons classé dans *la Marine*, non seulement les vues à prendre à la mer, mais aussi les études d'eau douce. Ce n'est peut-être pas très exact, quant à la dénomination, mais il fallait limiter les classifications. Les unes et les autres comportant de l'eau, des bateaux, etc., peuvent, avec un peu de bonne volonté, se placer sous la même rubrique. On trouvera, dans les croquis accompagnant ce petit volume, des documents pris aussi bien à la mer qu'à la rivière.

Vous trouverez, en vous essayant à *la Marine*, tous les effets désirables, et lorsque vous aurez, une saison durant, fait études sur études, pochades sur pochades, cherchant bien consciencieusement vos valeurs et vos tons, vous serez, la saison suivante, d'une force à aborder des sujets plus difficiles. Allez graduellement surtout, et ne vous attaquez pas dès l'abord à des sujets trop difficiles ; qu'ils soient non seulement simples de *dessin*, mais aussi d'*effet*. Ne cherchez pas, vous, débutant, à vouloir rendre des effets qui feraient hésiter des vétérans du pinceau.

La première condition d'une œuvre, par quelque procédé qu'elle soit exécutée, c'est d'avoir une *tenue générale*.

Quelque variés, en effet, que soient les tons du motif que vous voulez rendre, il y a toujours une teinte générale qui prédomine, teinte que l'atmosphère lui donne.

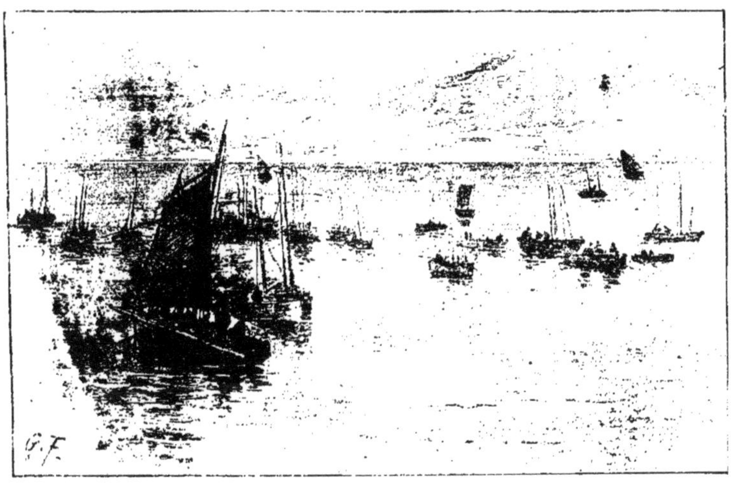

Il est évident qu'un point de vue considéré au soleil change absolument d'effet par un temps gris; un sujet vu le matin est absolument différent vu le soir. C'est non seulement le ciel qui change d'aspect, mais aussi tout le reste; ce qui fait qu'on doit toujours, pour une étude en plusieurs séances, revenir aux mêmes heures et par le même temps.

Donc, la *tonalité générale* est avant tout à observer.

Lorsque vous vous mettrez à l'œuvre pour peindre un

effet dès le matin, ce sera généralement le gris qui prédominera ; une sorte de brume, surtout aux abords de l'eau, qu'elle soit douce ou salée, enveloppera tout l'entourage. C'est cet effet de brume bleutée qu'il faut rendre ; ce sont donc les tons gris qui jouent le rôle principal, gris que vous composerez, suivant leur qualité, avec vos bleus, cobalt et outremer, mélangés au noir, au bistre, pointe de carmin ou de vermillon. Suivant que le gris sera plus ou moins chaud de tons, vous forcerez ces deux dernières couleurs, mais toujours très discrètement, ou vous appuierez sur les bleus, si le ton est plus froid. Ceci est une affaire de recherches, de tâtonnements ; nous ne pouvons indiquer exactement comment il faut composer ces tons, tout au plus pouvons-nous indiquer quelques notions générales sur les mélanges de couleurs.

Il ne faut jamais, sauf pour certains petits détails, employer les couleurs pures ; aucune ne vous donnera, si elle n'est rompue par une autre, les tons de la nature, toujours rompus eux-mêmes par les influences de l'air, de l'atmosphère.

Comme principes généraux de mélanges, nous avons :

Les bleus et les jaunes . . . . donnent les verts,
Les bleus et les rouges . . . . — les violets,
Les bleus et les terres (ou noir) — les gris,
Les rouges et les jaunes . . . — les jaunes chauds, orangés,
Les rouges et les noirs donnent les bruns.

Voilà les mélanges fondamentaux, se subdivisant eux-mêmes en variétés infinies que chacun devra chercher.

Un principe à se rappeler toujours est celui-ci : un ton

augmente d'intensité ou diminue de vigueur, fonce ou pâlit, paraît plus chaud ou plus froid, suivant celui qui l'entoure.

Quelques exemples :

Un rouge à côté d'un bleu profond paraît plus jaune et le bleu devient plus vert.

Un vert à côté d'un jaune fait sembler ce dernier plus

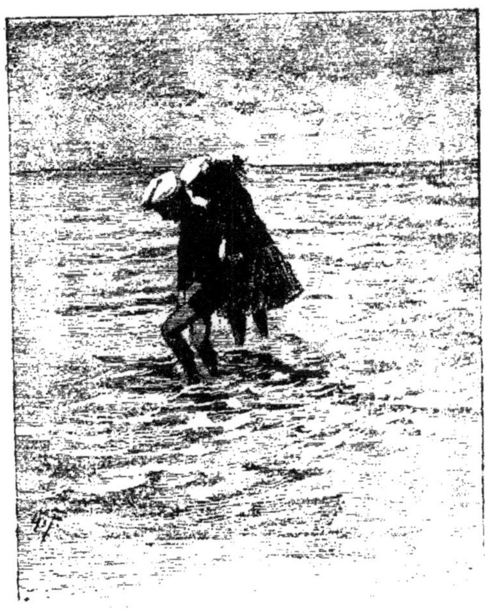

rougeâtre et le premier plus bleu ; le même jaune verdira, s'il est posé à côté d'un rouge qui, lui, deviendra plus intense.

Ce même bleu vous paraîtra violet, s'il est à côté du jaune qui prendra un ton orangé, etc., etc.

Ce n'est qu'à la longue qu'on s'habitue à connaître les couleurs se faisant valoir les unes les autres.

Nous parlions plus haut d'effets gris ; c'est avec intention que nous les avons signalés tout d'abord; parce que c'est par là que nous conseillons de commencer, car ce sont les plus simples. Non pas cependant qu'ils soient faciles; rien ne l'est, et l'harmonie des couleurs, les rapports d'un ton à un autre sont toujours malaisés à faire justes. Mais, comme il est entendu que notre aquarel-

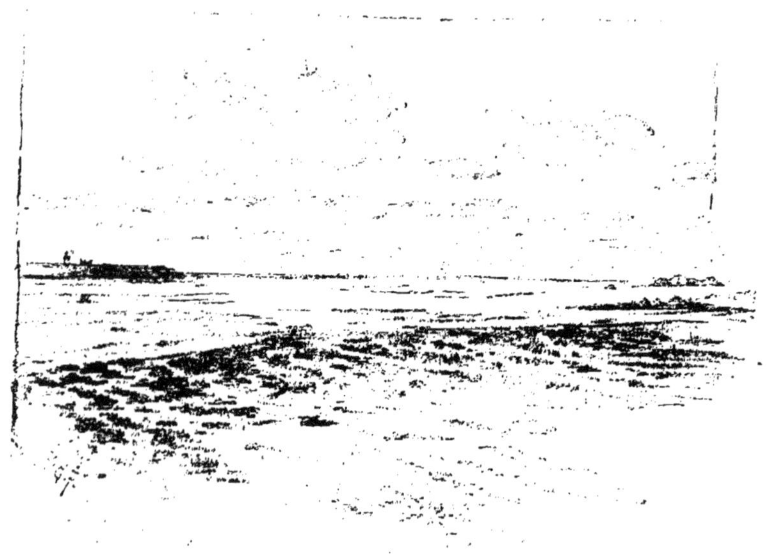

liste en herbe a commencé par s'exercer au croquis, pour le ton, au blanc et noir ou tout au moins au camaïeu (1), il trouvera, dans les effets gris, un peu plus de variétés de tons. Il aura à rechercher les mélanges par lesquels il arrivera à les obtenir, à en trouver la valeur juste et la couleur exacte; ce sera un premier pas franchi, et quand il aura fait quelques études dans les effets gris,

(1) On appelle camaïeu des dessins d'un même ton général et travaillés soit tout en bleu, soit tout en bistre, etc.

il s'essayera dans des notes plus colorées, et petit à petit arrivera à rendre des effets plus compliqués.

Les effets gris présentent en outre un avantage. Je ne

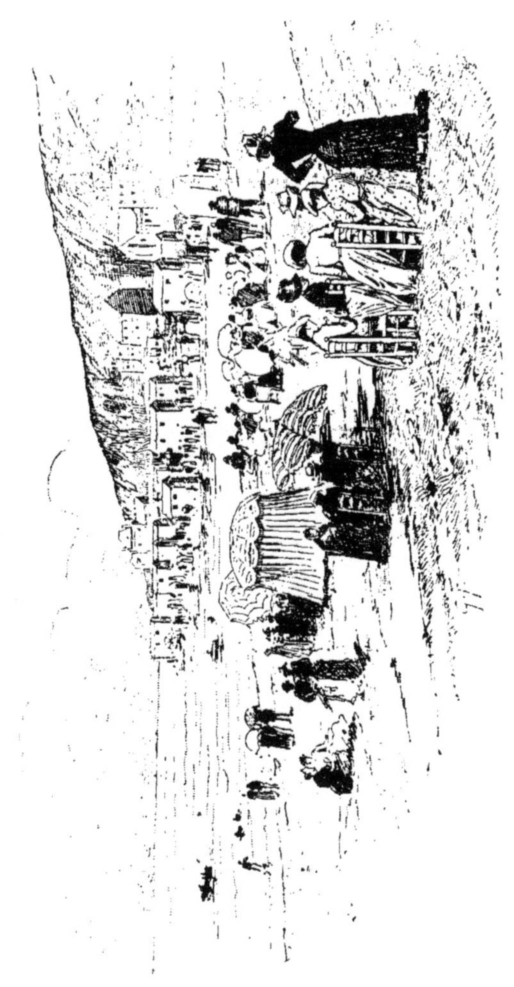

parle plus ici des effets du matin, lesquels, enveloppés de brume, estompent tout ce qu'ils entourent et donnent par conséquent un aspect franchement grisâtre à tout l'ensemble ; par *effets gris*, nous entendons cette fois les choses vues par un temps gris, sans soleil aucun. Les avantages qu'ils présentent sont d'abord d'être stables et de permettre à celui qui s'exerce à les rendre de longues séances, pendant lesquelles l'aspect général ne change pas ; ensuite de laisser aux objets leur ton local. Un rouge garde toute son intensité vu par un temps gris, un jaune aussi ; bref, tous les tons ont leur valeur réelle. Il va sans dire que nous parlons d'un temps gris

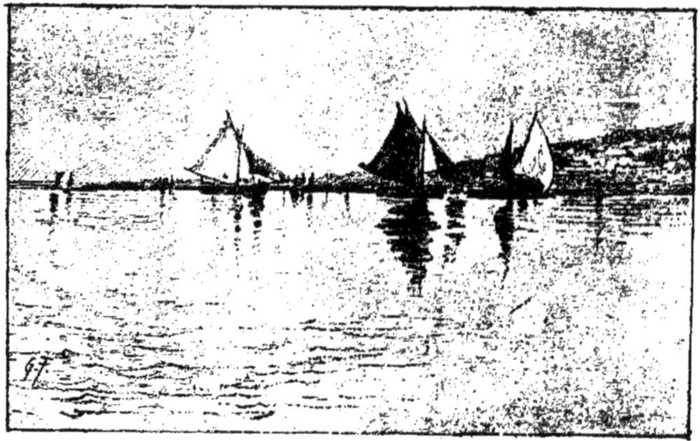

clair, sans le brouillard qui donne, lui aussi des effets gris, mais d'un gris moins bleuté que la brume matinale. Ce sera donc une facilité pour nos commençants, qui se fourvoieraient, s'ils commençaient par vouloir rendre par exemple des effets de soleil, — celui-ci s'amusant, pour exercer la patience des peintres, à changer l'aspect de tous les tons, à les rendre ou plus ou moins vigoureux suivant qu'il daigne les éclairer ou qu'il lui plait de les laisser à l'ombre. Il déroute les commençants, qui vont, naturellement, moins vite que les initiés, et se donne le malin plaisir de cesser d'éclairer subitement tel endroit, que tout à l'heure il faisait étinceler en pleine lumière, puis il allonge les ombres portées indéfiniment ou les raccourcit suivant sa fantaisie. Passez-vous donc de lui pour commencer, et contentez-vous des effets gris. Vous vous escrimerez plus tard contre les effets de soleil, lorsque vous aurez fait vos premiers assauts contre le temps gris.

CHAPITRE VII

QUELQUES INDICATIONS POUR PEINDRE LES DIFFÉRENTES PARTIES D'UNE ÉTUDE

§ I.

Les ciels.

Les études de ciel jouent, est-il utile de le dire? un des rôles principaux dans les études de marine; le ciel, comme tout le reste, a sa perspective, ne l'oublions pas, perspective de dessin, lorsqu'il s'agit de ciels nuageux, aussi bien que de couleur.

C'est la partie la plus difficile à traiter, car, à moins de temps gris tranquille, il change constamment. Un ciel, même uni, est toujours plus clair au fur et à mesure qu'il s'éloigne vers l'horizon; c'est ce que nous entendons par perspective de couleur et de valeur.

Il se peut faire, par un temps nuageux, par exemple, peu rare à la mer, qu'à l'horizon vous ayez de gros nuages noirs alors qu'au-dessus de vos têtes le ciel est clair, presque pur ; mais quelle que soit la lourdeur de ces nuages du fond, n'oubliez pas qu'il y a entre eux et vous l'atmosphère, et que, par conséquent, ils sont toujours estompés plus ou moins. Ceux qui sont les plus éloignés, qui touchent la ligne d'horizon, sont moins vigoureux que ceux qui sont au-dessus, et ainsi de suite en se rapprochant ; exercez donc bien votre œil à voir la « valeur » de chacun, après en avoir trouvé le ton exact.

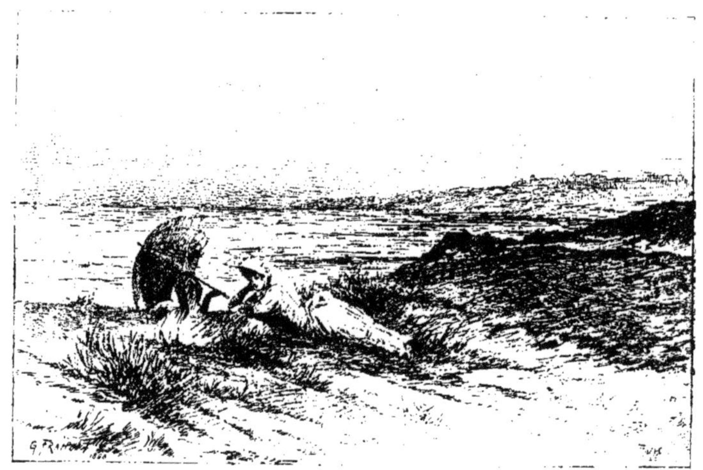

Nous avons dit à peu près les couleurs à employer pour les effets gris.

Les ciels bleus s'obtiennent par les mélanges de bleu de cobalt et d'outremer, quelquefois une pointe de bleu de Prusse pour les fonds, souvent un peu de laque carminée, ce qui vous donnera ces tons violacés que vous voyez souvent vers l'horizon.

Les nuages blancs doivent se réserver, puis se modeler une fois secs. On peut employer une petite éponge montée sur une hampe pour faire des enlevages sur un ciel, alors qu'il est encore humide; mais il faut prendre garde de faire « mou, cotonneux », ce qui donnerait à votre ensemble un aspect enfantin toujours désagréable à voir. Il ne faut donc manier l'éponge qu'avec une grande prudence; mieux vaut, alors que la couleur n'a pas pénétré encore dans votre papier, enlever vos petits nuages au pinceau sec. Mais les grandes masses de nuages blancs

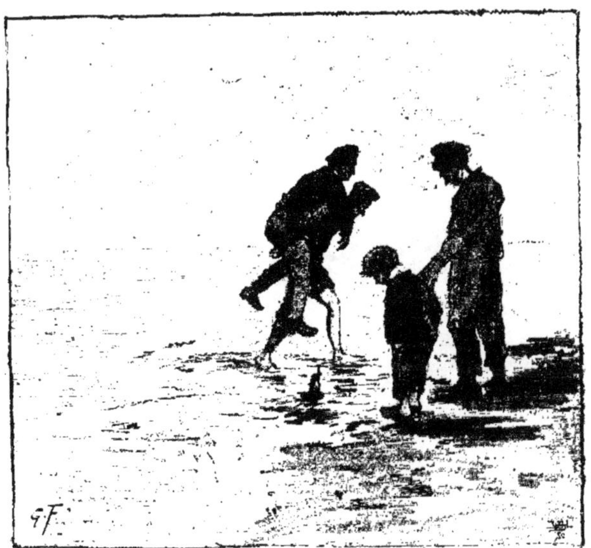

doivent se réserver; s'ils sont modelés de gris, vous emploierez, suivant les tons de ce modelé, les variétés de gris, composées comme nous l'avons indiqué plus haut.

Les ciels orageux sont ceux qui offrent le plus de difficultés au point de vue du dessin, d'une part, et des tons et valeurs de l'autre. Ils sont la plupart du temps heurtés et présentent des *écarts* de tons énormes; un nuage de couleur intense découpera sa silhouette sur un blanc éclatant, troué lui-même par une tache d'un bleu pur.

Les jaunes, les roux, joueront eux aussi leur symphonie, plus discrète. Vers l'horizon, vous apercevrez des nuages d'un bleu presque vert ; ce sera le bleu de Prusse, mélangé à ses voisins, le tout très allongé d'eau (puisque nous sommes vers l'horizon), et prenant plus ou moins de place dans le mélange, suivant que le ton en question vous semblera plus ou moins vert. Mais gare au bleu de Prusse ! ne l'employez qu'avec une extrême prudence, car il vous jouerait de mauvais tours; il est telle-

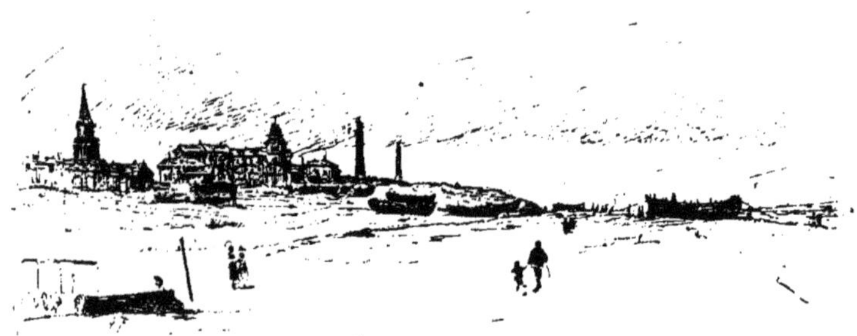

ment expansif, ce bleu, qu'il s'étale partout, si on abuse de lui.

Il vous sera utile, dans les ciels orageux, mélangé au noir, aux bruns, à l'ocre. Cette dernière couleur sera celle qui vous servira en la rompant un peu, pour les nuages jaunâtres ; le vermillon, coupé lui aussi, sera une des bases pour les nuages roux.

Bref, dans les ciels d'orage, trop variés pour en pouvoir donner même une synthèse, il entre un peu de tout, et, comme nous pensons bien que ce n'est pas à eux que vous oserez vous attaquer tout d'abord, vous saurez, lorsque vous en ferez des études, les moyens à employer et les couleurs à marier pour obtenir les tons qui vous sont nécessaires.

Les ciels, au soleil couchant, sont, eux aussi, très compliqués de ton.

Généralement, dans les parties foncées, c'est le violacé qui joue le rôle principal, avec les bleus, les rouges

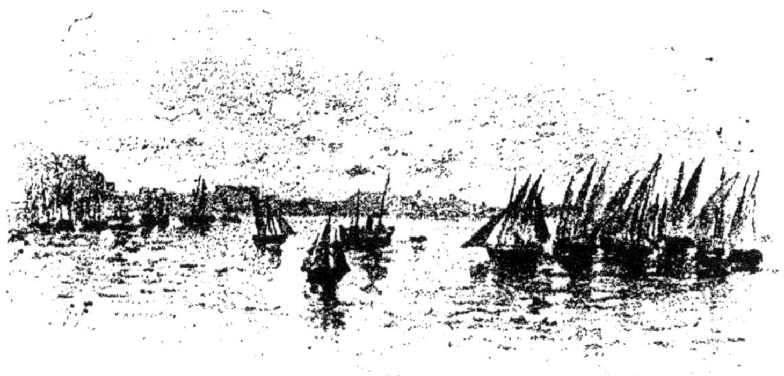

rompus avec l'ocre, la sépia, etc., suivant la qualité du violet.

Les parties éclairées s'obtiendront avec la gamme des jaunes et des rouges, le jaune indien, l'ocre jaune, la terre de Sienne brûlée, le carmin, etc., etc., surtout les couleurs transparentes; l'ocre, donc, ne doit être employée que très allongée d'eau.

§ 2.

L'eau.

L'eau présente, elle aussi, des couleurs très variées. A certaines exceptions près, elle est généralement plus foncée que le ciel dont elle épouse les tonalités plus ou moins violemment, suivant qu'elle est plus ou moins calme ou agitée. Les étangs, les lacs, sont de vrais miroirs qui souvent vous donnent l'image renversée, presque identique, de ce qui est au-dessus et à l'entour. Nous conseillons d'éviter ces effets trop monotones; les reflets de l'eau sont charmants, à la condition pourtant de n'être point exagérés et de ne pas présenter un dessin debout d'un côté, renversé de l'autre.

Pour les eaux reflétant vigoureusement le ciel, il est

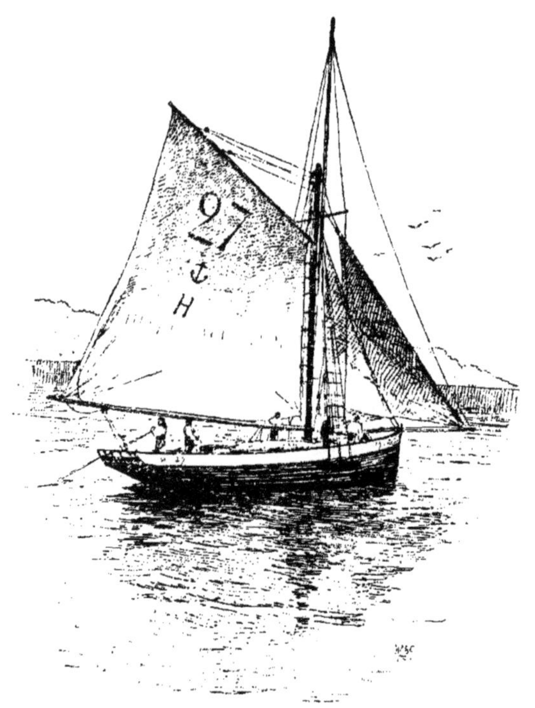

clair qu'on emploiera, en les modifiant un peu, les mêmes couleurs que pour celui-ci; on fera la part du changement de coloration que la couleur locale de l'eau plus ou moins verte plus ou moins jaune aura produit. Dans certaines saisons, au moment des grandes marées, par exemple, l'eau devient presque opaque, elle prend une couleur fangeuse jaunâtre; l'ocre atténuée de noir, d'une pointe de vert, d'un peu de bleu, suivant la tenue générale, vous donnera le ton cherché.

D'autres fois, c'est le ton verdâtre qui dominera : l'ocre mélangée aux bleus, et coupée de gris, sera la couleur fondamentale.

Enfin, par les beaux jours, les eaux redeviennent transparentes et ont franchement une teinte générale bleue ou verte ; ce sont alors les bleus de Prusse, outre-

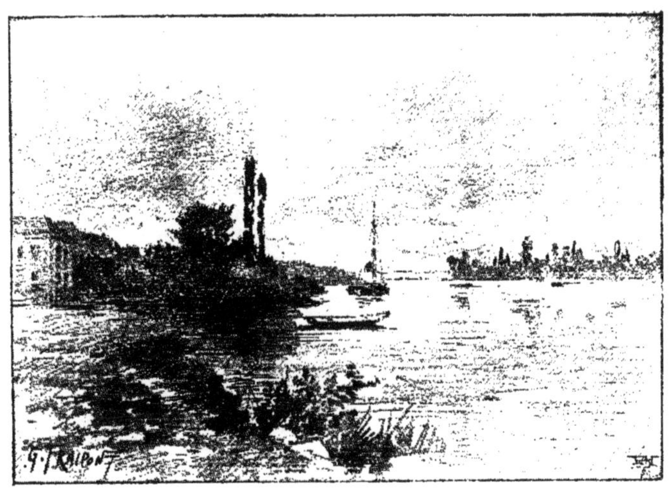

mer, etc., toujours atténués d'autres tons, de laque, par exemple, qui vous donneront la transparence.

La mer, sous un ciel bleu, prend des tons d'une profondeur inouïe, souvent d'un bleu très profond, à la ligne d'horizon, plus clair en s'approchant et verdâtre en venant mourir sur la plage. L'effet de l'eau se présente souvent inversement à celui des nuages : le ton en est plus violent à l'horizon qu'au premier plan ; à d'autres moments, par les ciels gris notamment, les blancs de l'horizon vibrent avec une violence extrême.

Nous n'en finirions pas si nous voulions passer en

revue toutes les variétés de coloration, tous les aspects différents que nous donnent la mer suivant les temps, suivant les saisons.

Il y a aussi à faire la part du pays où l'on se trouve, car, en dehors des changements que causent les varia-

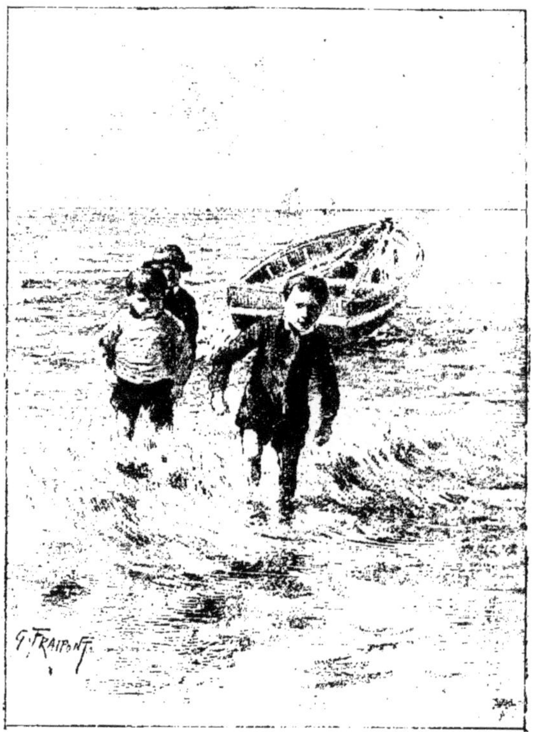

tions atmosphériques, il y a les *couleurs locales*. Nul n'ignore que la Méditerranée est d'un bleu intense. Allez en Hollande, à Scheweningue, la mer est plutôt verdâtre, parfois jaune; la Meuse (un fleuve, je le veux bien, mais si large qu'il prend par endroit l'aspect de la mer) est également d'un ton sale, gris jaunâtre.

Avec un peu d'études, vous arriverez à trouver sur

votre palette de quoi rendre aussi bien les effets de la Méditerranée que ceux de la mer du Nord, les tons gris vert et les tons bleus.

§ 3.

Rochers, montagnes.

Quoi de plus imposant et de plus tentant à peindre qu'une belle roche battue par la vague? Superbe sujet d'étude, cela, et que nous conseillons fort de ne pas négliger.

Les tons de rochers, de falaises, sont généralement de couleurs sombres ; en Bretagne, par exemple.

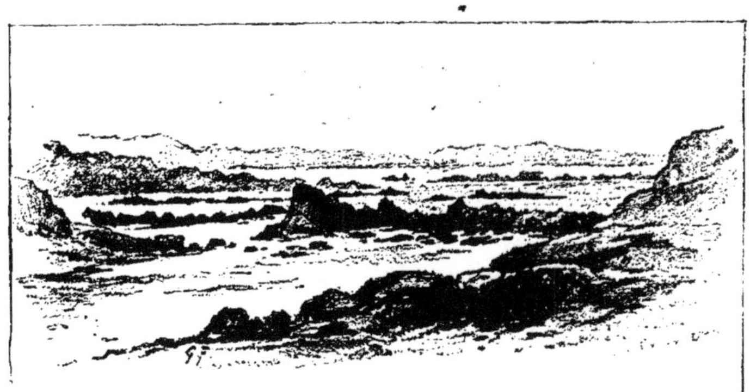

La sépia, mélangée aux bleus, au noir, coupée de vermillon, vous donnera la gamme voulue.

D'autres prennent des couleurs rousses du plus brillant effet, notamment dans le Midi ; la terre de Sienne marchera en tête pour les rendre : on la rompra avec la sépia, les laques, l'ocre, qui aura fort à faire aussi, et l'on obtiendra les tons cherchés.

Si le varech, les herbes marines, viennent recouvrir

par parties vos rochers, le vert olive vous rendra de grands services; vous pourrez l'atténuer avec les bleus, la terre de Sienne, le jaune indien, suivant qu'ils seront en pleine lumière ou dans la pénombre.

Les montagnes de fond prendront suivant le temps et suivant qu'elles seront frappées en plein par le soleil ou

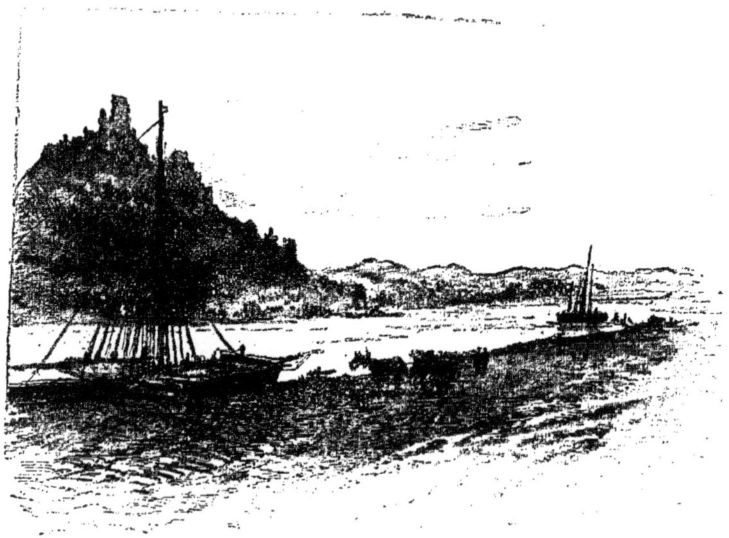

qu'elles resteront dans l'ombre, des tonalités variées de vert, de jaune, etc., ou de gris, de violet ou de bleu. Comme nous entendons ici parler des lointains, il faudra les traiter aussi brièvement que possible, sans détails, et en se basant sur le ton général. Si vous cherchiez à rendre tous les verts, les gris, les bleus, les roux que vous percevez par les temps clairs, vous risqueriez de ne pas laisser votre fond à son plan.

§ 4.

Terrains, dunes, etc.

Les terrains jouent, dans les études de marines, un rôle moins grand que dans le paysage. Nous renvoyons donc nos lecteurs à notre traité l'*Art de peindre les paysages* où nous étudions plus longuement cette question.

Il ne faut toutefois pas négliger le terrain, car, dans certains cas il est fort intéressant à étudier : à marée

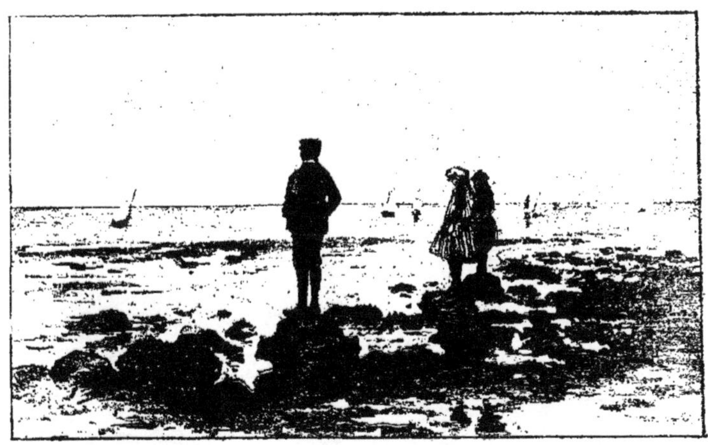

basse, par exemple, il vous donne des sujets d'études variées ; ce sont généralement les couleurs suivantes qui le composent : sépia, noir, ocre, vert olive, puis les bleus pour les reflets du ciel. Il entre un peu de tous les tons, sourds, du reste, et, si vous voulez vous offrir le luxe d'y ajouter des figures, vous aurez à employer à peu près toutes les couleurs de votre palette.

Si vous ne vous en tenez pas à *la Marine* proprement dite, et que vous désiriez animer vos études, vous avez des sujets sans nombre, pêcheurs, pêcheuses, ramasseurs de varech, etc., etc.

Et sur les plages ! c'est là que les couleurs vives de

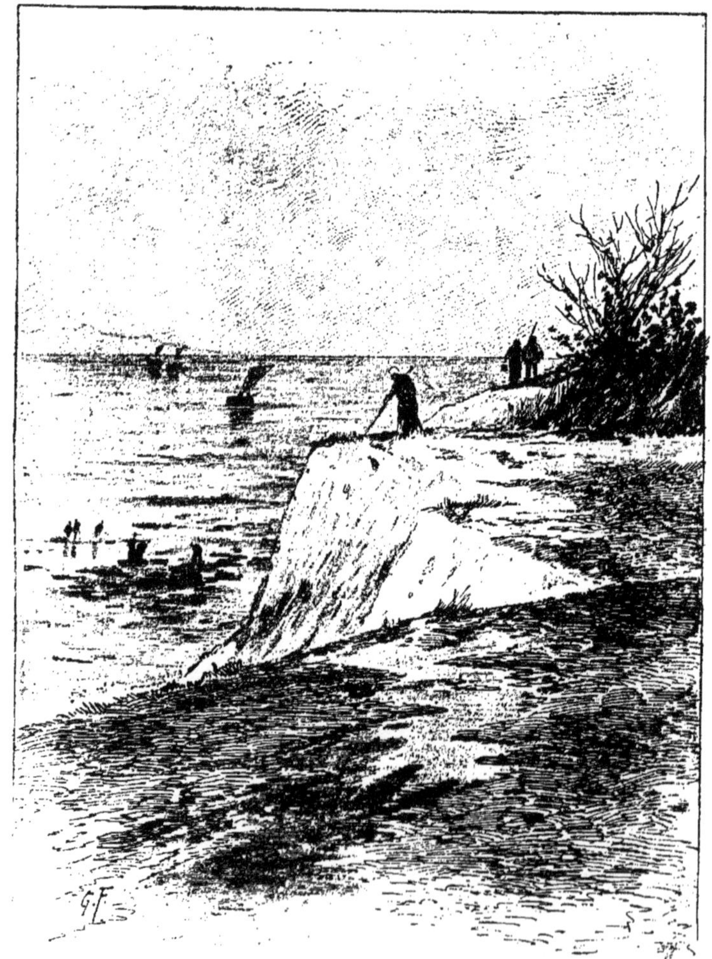

votre palette s'useront rapidement ! Les rouges, les bleus, les jaunes, les verts, toute la gamme des notes gaies y passera. Si avec cela il fait du soleil, gare les violets ! ils pulluleront un peu partout. Si la plage est sablée, comme sur les côtes normandes (et beaucoup d'autres, du reste), votre ocre jaune n'a qu'à se bien tenir : atténuée avec la sépia, rompue avec les bleus, elle vous donnera les tons du sable encore humide. — Mais avant d'entreprendre pareils sujets, faites quelques études de figures, quelques natures mortes, voire même des animaux, car il y a de tout sur la plage : des gens des bêtes, des natures mortes et des paysages.

Les dunes ayant généralement les mêmes tons que les plages sablées, vous emploierez les mêmes couleurs que pour celles-ci, les verts, généralement très éteints, s'obtiendront facilement par l'adjonction des bleus, d'un peu de vert olive par endroits. Les petits chardons marins, si ravissants de ton, d'un bleu violacé si tendre, se mariant si bien avec la couleur du sable, auront pour base le cobalt, un peu de vert Véronèse, et, par places, une pointe de laque.

Les plages de galets sont bleutées généralement, rosées par endroits ; il est clair que vos bleus rompus et votre carmin en infime quantité rendront les effets voulus.

§ 5.

Sujets divers.

Les motifs abondent au bord de la mer, il n'y a qu'à se baisser et les prendre... les prendre aussi adroitement que possible du bout de son pinceau et les appliquer non moins adroitement sur papier... tout est là !

En dehors des sujets animés que nous indiquions tout à l'heure et qui peuvent être ou simples ou compliqués, suivant qu'on fera des ensembles ou des sujets isolés, il y a bien des choses à peindre : barques de pêcheurs, bateaux, ancres, filets tendus, etc., etc.

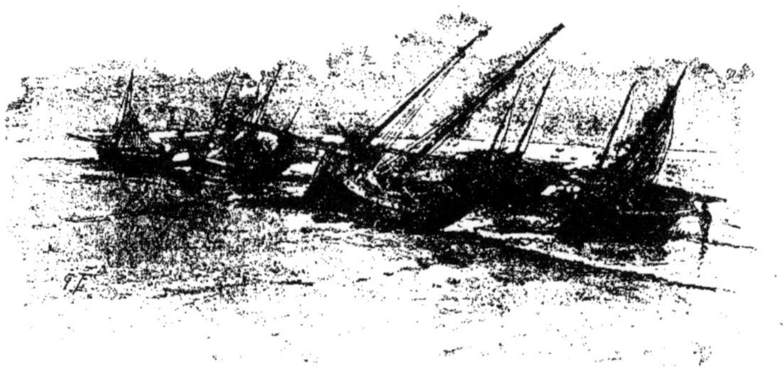

Ici il devient difficile de donner l'emploi des couleurs, car si les sujets en question varient à l'infini,

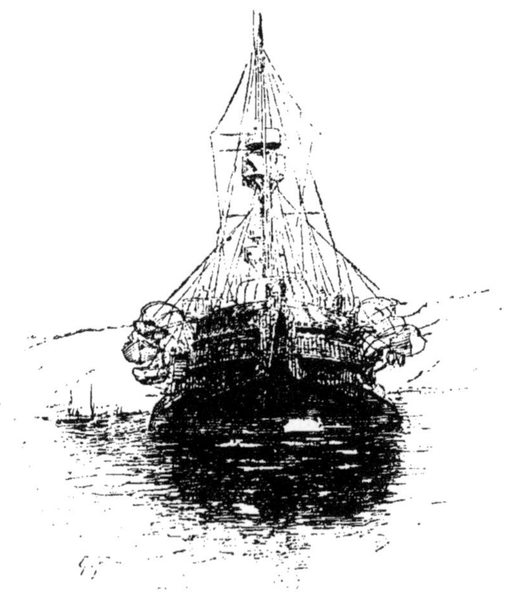

leurs tons en sont, eux aussi, très variés. Les coques des barques, les carènes des navires se renferment dans les tons bruns, noirs, bleutés; la ligne de flottaison des vaisseaux est, la plupart du temps, peinte au minium, par conséquent vermillon atténué de jaune, les voiles sont blanches, grises ou brunes, les mâtures, jaune plus ou moins foncé, etc., etc.

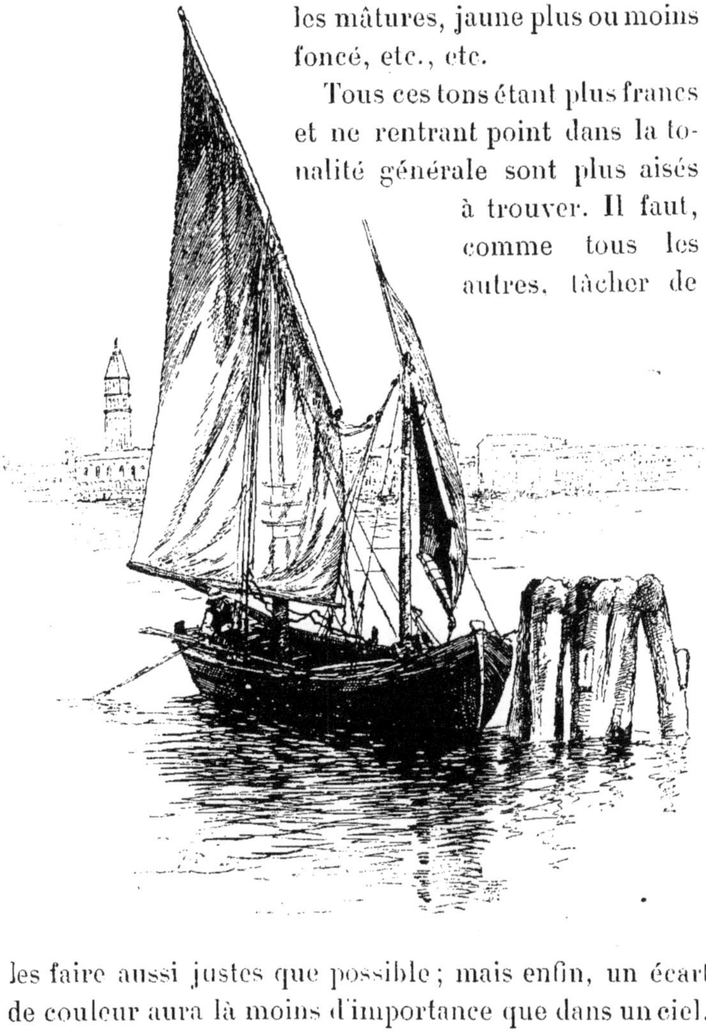

Tous ces tons étant plus francs et ne rentrant point dans la tonalité générale sont plus aisés à trouver. Il faut, comme tous les autres, tâcher de les faire aussi justes que possible; mais enfin, un écart de couleur aura là moins d'importance que dans un ciel, dans l'eau ou dans un terrain. Qu'une voile, en effet, soit plus ou moins rousse, qu'un bateau soit plus ou moins brun, cela n'a pas une importance capitale, s'il n'entre que comme accessoire dans la composition.

S'il en fait le sujet principal, il est urgent d'être aussi exact que possible ; efforcez-vous toujours du reste, d'être sincère, non seulement comme dessin, mais aussi comme couleur.

L'étude des bateaux présente l'avantage outre celui que nous signalions quelques pages plus haut, de donner tout de suite un sujet tout composé, si on le prend comme motif principal, et celui d'animer un sujet dont il n'est que l'accessoire.

Ne rien négliger, car tout est utile, études d'ancres, études de filets, mâtures de navires, rochers, tout est bon à faire et à garder comme documents que vous serez bien aise de retrouver par la suite.

CHAPITRE VIII

DE QUELQUES EFFETS FUGITIFS

En considérant certains tableaux qui vous donnent exactement le rendu d'effets que l'on sait pourtant très fugitifs, un orage, par exemple, on se demande si c'est de mémoire que l'auteur a peint ou si, servi à souhait par son imagination, il a pu, sans documents, produire une toile vous donnant la sensation d'une chose faite sur nature.

Voici, pour *attraper* des effets de ce genre, comment il faudra procéder. Prévenons qu'il est indispensable d'avoir déjà une grande habitude de peindre, beaucoup d'habileté et la connaissance approfondie des couleurs et de leurs mélanges.

Choisissons comme exemple une tempête, chose commune au bord de la mer.

Prenez votre papier aussi petit que possible, suffisant toutefois pour y peindre un ensemble. Ceci, parce que naturellement plus une surface est minime, plus vite on la couvre; mais là n'est pas la seule raison. Il s'agit aussi de s'abriter de la pluie ou plutôt d'abriter

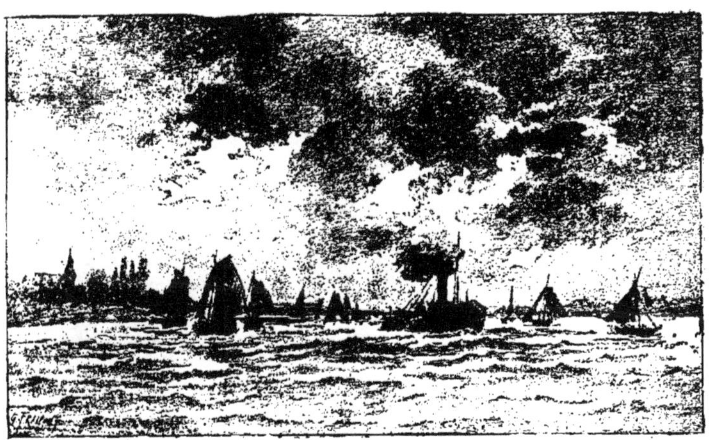

son papier, car, quoique l'aquarelle soit « à l'eau », pas trop n'en faut! L'eau du ciel, venant se mélanger avec celle de votre godet, fera de mauvaise besogne et gâchera votre étude. Si, malgré vos précautions, quelques gouttes d'eau viennent par place étoiler votre pochade, prenez-en votre parti, le travail que vous faites ne devant vous servir que de renseignements, qu'il s'agira pourtant de prendre aussi rigoureusement exacts que possible.

Assujettissez solidement votre ombrelle, transformée en parapluie pour la circonstance, ou mieux, si vous pouvez vous nicher dans l'anfractuosité d'un rocher, vous abriter derrière une barque, n'y manquez pas; bref, mettez-vous autant à l'abri que faire se pourra et aussi à l'aise que la tempête vous le permettra.

Dans un travail de ce genre, ne vous préoccupez que modérément du dessin, cherchez à saisir d'abord votre effet principal : un nuage clair entamé par une masse de nuages noirs, par exemple. Comme par la tempête ils roulent rapidement, les nuages, mais que le même

effet, celui que vous voulez rendre, ne manque pas de se représenter à peu près semblable à plusieurs reprises différentes, il vous faudra, au fur et à mesure, bien observer et modifier votre étude en conséquence.

Bien noter les parties qui se détachent en clair sur le ciel noir, en demi-tons, ou que l'ombre des nuages plonge dans la pénombre.

Avoir avec soi un pot de gouache blanche est chose utile, car, dans la précipitation de votre travail, il se peut que, votre papier étant sec à certains endroits où vous n'aurez pu ménager vos clairs, l'éponge ou le pinceau sec ne vous soient d'aucun secours : dans ce cas la gouache vous rendra de grands services.

C'est avec intention que, dans tout le courant de cette brochure, nous n'avons pas écrit le mot : *gouache*. C'est que nous conseillons de l'éviter ; les commençants, trouvant à s'en servir certaines commodités, pourraient en abuser, ce qui rendrait fatalement leur travail lourd. La qualité dominante de l'aquarelle devant être la trans-

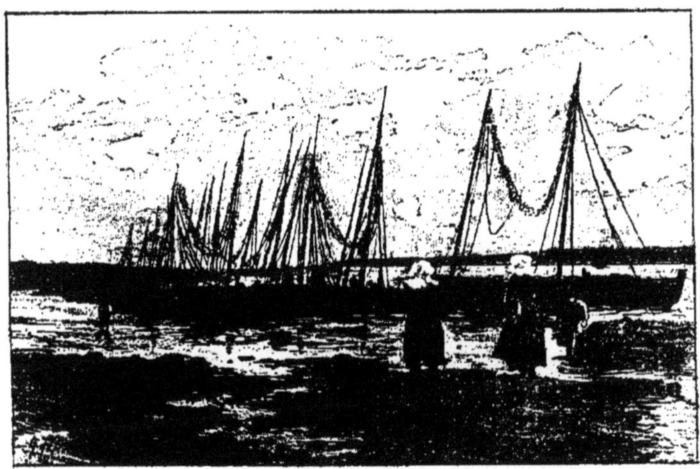

parence et la gouache étant essentiellement opaque, il vaut mieux la répudier.

Notez que nous parlons ici « aquarelle » proprement dite, car on fait également des peintures « à la gouache » très brillantes de tons, très fraiches ; mais ceci demande une étude toute spéciale, et la façon de peindre par ce procédé se rapprocherait de celle de peindre à l'huile, puisque les deux genres de couleurs « couvrent », sans laisser transparaître les dessous.

Ceci était une digression utile ; revenons à notre tempête.

Lorsque vous aurez enfin saisi l'effet que vous cherchez, que toutes vos valeurs seront bien en place, serrez votre étude... et rentrez vous sécher pour éviter rhume de cerveau ou bronchite, dont vous ne manqueriez pas

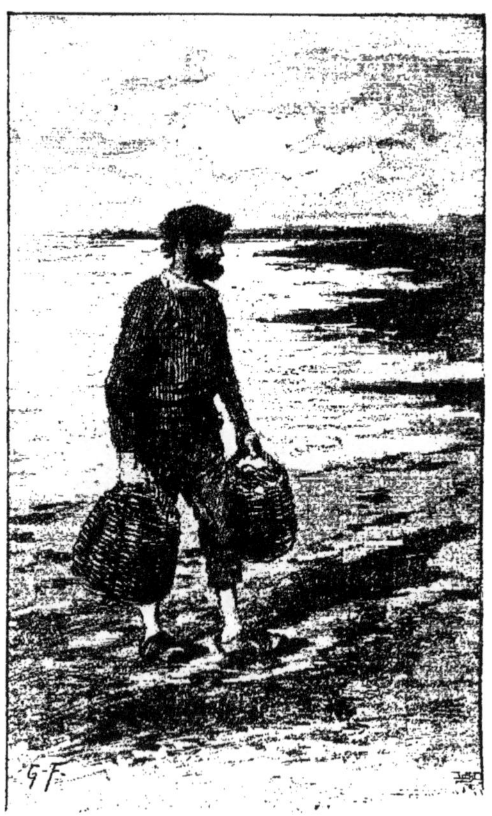

d'être gratifié, si vous séjourniez trop longtemps sur place. Tout aussi bien dans l'intérêt de l'art que dans celui de l'hygiène, il est donc urgent d'aller vite.

Si c'est seulement pour conserver le souvenir d'un effet qui vous a frappé que vous avez fait votre pochade, mettez-la dans vos cartons et n'y touchez plus.

Si, en la prenant, votre intention a été d'en faire une œuvre complète, retournez au même endroit, par un temps plus favorable; faites un dessin, très exact cette fois, de l'ensemble, à la grandeur dont vous comptez exécuter votre aquarelle. Observez bien les parties éclairées à telles heures, dans l'ombre à d'autres; voilà pour les études préliminaires.

Pour l'exécution : Dessinez votre ensemble d'après votre

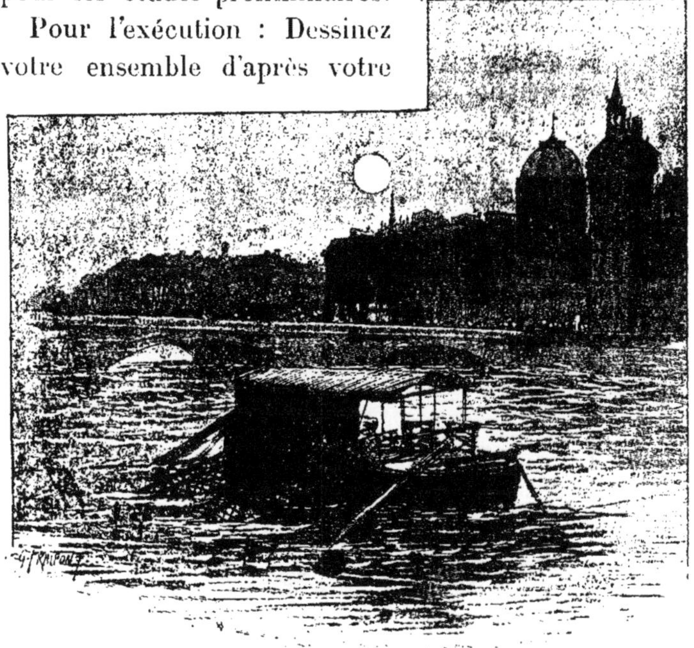

dessin (en le décalquant au besoin sur votre papier à aquarelle), puis revenez sur place peindre motifs par motifs, en choisissant les moments où ceux-ci s'éclairent de la même façon que sur votre pochade primitive.

Si vous êtes habile, vous arriverez ainsi à rendre l'effet désiré; ne pas se dissimuler que ceci est un des exercices les plus difficiles et qu'il faut être d'une assez jolie force déjà pour le mener à bien.

Peindre par morceaux et garder une tenue générale, sans que telle ou telle note vibre trop et telle autre pas assez, c'est là un travail peu aisé, mais très attrayant à cause même de sa difficulté.

CHAPITRE IX

QUELQUES CONSEILS PRATIQUES

Ils seront courts. Nous avons indiqué déjà les précautions à prendre pour ne pas être la victime des changements de température ; à la mer surtout, il est urgent d'être chaudement vêtu de molleton, d'avoir un vêtement

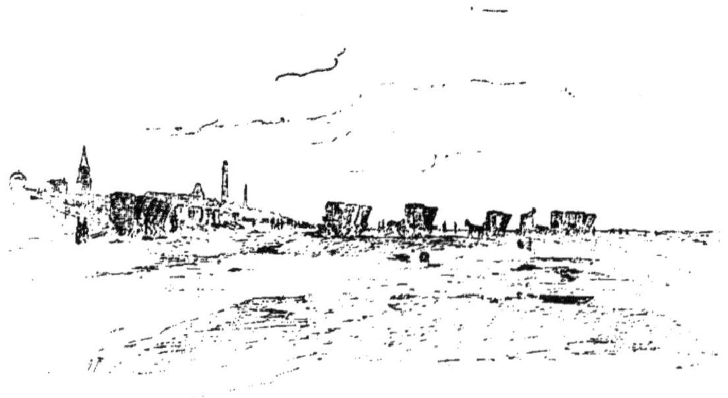

supplémentaire facile à porter sur le bras ou roulé autour de l'ombrelle ou du pliant, être guêtré ou tout au moins solidement chaussé. Le temps en effet peut être très chaud, le soleil brûlant dans le milieu de la journée, mais, vers le soir, à la mer, toujours il fait frais, et, pour peu que l'on s'attarde, on risque de compromettre l'état de ses bronches ou de sa gorge.

Se méfier aussi des marées : un de nos amis s'y est laissé prendre et a passé quelques heures manquant totalement de gaieté. Il s'était, à marée basse, installé sur une roche, en ayant en face de lui une série d'autres,

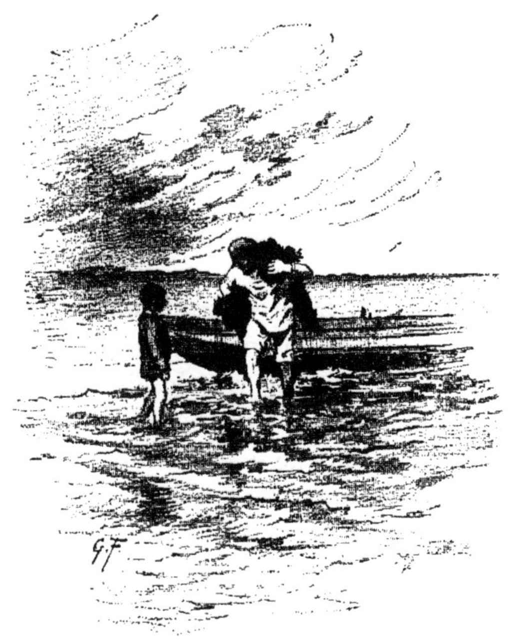

dont les silhouettes bizarres, fantastiques, l'avaient tenté. Très commodément installé sur son belvédère improvisé, peu gêné par les indiscrets, n'ayant pour tout voisins que quelques cormorans (pas curieux du tout, ces cormorans) ! notre ami travaillait avec un entrain véritable, ne s'interrompant que pour allumer de temps à autre une cigarette. Préoccupé uniquement de son travail, acharné à rendre exactement ce qu'il avait sous les yeux, il ne faisait nulle attention à la mer qui montait tout autour de lui et lui eut bientôt joué le mauvais tour de le cerner de toutes parts; notre homme ne s'en aperçut que lorsqu'il était trop tard... Et la marée montait toujours!... L'entrain avait fait place à l'angoisse, et l'envie de rire ne venait point du tout. Heureusement que la roche était d'une hauteur suffisante pour que la marée s'arrêtât à mi-chemin. Force fût à notre artiste d'attendre qu'elle voulût bien se retirer. Ce fut fort penaud et mort de faim que, très avant dans la nuit, il put rentrer à l'hôtel se remettre de ses émotions. Il eut comme consolation d'avoir fait une excellente étude, accrochée depuis dans son atelier et dont il n'a jamais voulu se défaire, quelque prix qu'on lui en ait offert.

Dussiez-vous même y produire un chef-d'œuvre, nous vous déconseillons absolument ce genre d'installation, qui présente, croyez-moi, certains inconvénients. On peut trouver des silhouettes bizarres, et, du regard, dominer la mer, sans qu'il soit besoin, pour ce, d'être perché comme les mouettes ou leurs congénères.

CONCLUSION

Telles sont à peu près les indications générales possibles à donner. Elles seront suffisantes, nous en sommes certain, si notre lecteur supplée par son intelligence aux lacunes impossibles à combler à moins d'entrer dans des explications sans fin qui embrouilleraient plutôt que d'éclaircir.

Notre but, du reste, est de tracer les lignes principales, d'indiquer la marche à suivre au début, non de faire un abécédaire, dont certains n'oseraient se départir. Cela leur enlèverait toute initiative ; or, de l'initiative, il en faut. Il faut que nos lecteurs, lorsqu'ils connaîtront les premiers principes, que nous tâchons de leur inculquer, trouvent eux-mêmes des combinaisons de tons à eux, des moyens qui leur seront personnels, des « ficelles » même qui les aideront dans certains cas. A ce prix-là seulement, leurs œuvres auront de l'originalité, ce qu'il faut rechercher avant tout. Ne pas voir dans ce mot : « originalité » autre chose que ce que nous voulons dire ; nous l'employons ici comme presque l'équivalent de « personnalité », non comme l'exagération de motifs singuliers. Peindre des ciels verts et des arbres

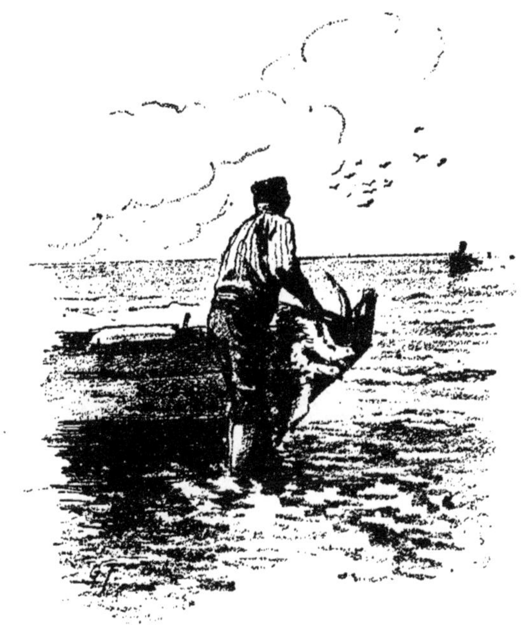

bleus serait assurément très bizarre; mais les faire admettre!... j'en doute.

Donc, l'originalité doit se rechercher surtout dans le choix du motif, dans la manière de le mettre en page et surtout dans la façon de le traiter, en n'oubliant jamais, dans aucun cas, que, quelque original que vous soyez, la nature l'est plus que vous. Il faut avant tout s'efforcer de reproduire les effets qu'elle vous offre, en restant sincère, mais point banal, ce qui, en art comme en tout, est ce qu'il y a de pire.

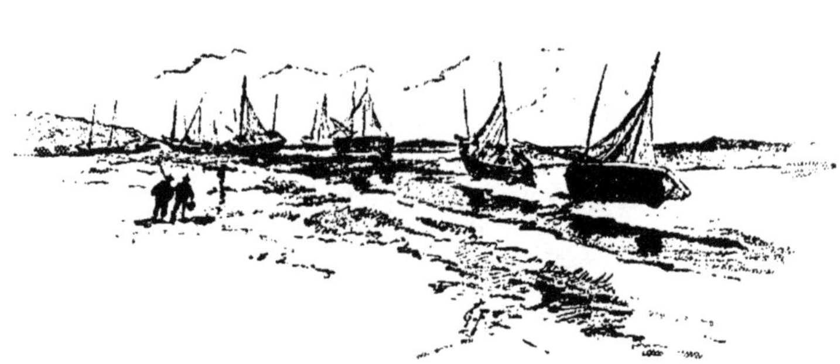

TABLE DES MATIÈRES

388-12. — Corbeil, Imprimerie Crété.

www.ingramcontent.com/pod-product-compliance
Ingram Content Group UK Ltd.
Pitfield, Milton Keynes, MK11 3LW, UK
UKHW020350180726
13839UKWH00003B/1001